清华大学优秀博士学位论文丛书

我国民间借贷利率影响因素研究：来自司法文书大数据的证据

刘宇璠（Liu Yufan）著

Determinates of Private Lending Rates:
Evidence from China's Judical Big Data

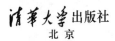
清华大学出版社
北京

内容简介

民间借贷长期处于灰色地带，参与者往往不愿披露真实的借贷信息，导致民间借贷调查准确度较低。本书基于民间借贷司法文书大数据，提高了数据的准确性、全面性和可靠性，有助于发现民间借贷的真实情况。基于此数据，本书从正规金融和网络金融发展的角度研究民间借贷利率的影响因素，并对零利率民间借贷相关理论进行实证检验。

版权所有，侵权必究。举报：010-62782989，beiqinquan@tup.tsinghua.edu.cn。

图书在版编目(CIP)数据

我国民间借贷利率影响因素研究：来自司法文书大数据的证据/刘宇璠著.—北京：清华大学出版社，2024.6
（清华大学优秀博士学位论文丛书）
ISBN 978-7-302-66304-1

Ⅰ.①我⋯ Ⅱ.①刘⋯ Ⅲ.①民间借贷－利率－研究－中国 Ⅳ.①F832.479

中国国家版本馆 CIP 数据核字(2024)第 098055 号

责任编辑：张维嘉
封面设计：傅瑞学
责任校对：薄军霞
责任印制：曹婉颖

出版发行：清华大学出版社
  网　　址：https://www.tup.com.cn，https://www.wqxuetang.com
  地　　址：北京清华大学学研大厦 A 座　　邮　编：100084
  社 总 机：010-83470000　　邮　购：010-62786544
  投稿与读者服务：010-62776969，c-service@tup.tsinghua.edu.cn
  质量反馈：010-62772015，zhiliang@tup.tsinghua.edu.cn
印 装 者：三河市东方印刷有限公司
经　　销：全国新华书店
开　　本：155mm×235mm　　印　张：11.25　　字　数：189 千字
版　　次：2024 年 6 月第 1 版　　印　次：2024 年 6 月第 1 次印刷
定　　价：79.00 元

产品编号：104474-01

一流博士生教育
体现一流大学人才培养的高度(代丛书序)①

人才培养是大学的根本任务。只有培养出一流人才的高校,才能够成为世界一流大学。本科教育是培养一流人才最重要的基础,是一流大学的底色,体现了学校的传统和特色。博士生教育是学历教育的最高层次,体现出一所大学人才培养的高度,代表着一个国家的人才培养水平。清华大学正在全面推进综合改革,深化教育教学改革,探索建立完善的博士生选拔培养机制,不断提升博士生培养质量。

学术精神的培养是博士生教育的根本

学术精神是大学精神的重要组成部分,是学者与学术群体在学术活动中坚守的价值准则。大学对学术精神的追求,反映了一所大学对学术的重视、对真理的热爱和对功利性目标的摒弃。博士生教育要培养有志于追求学术的人,其根本在于学术精神的培养。

无论古今中外,博士这一称号都和学问、学术紧密联系在一起,和知识探索密切相关。我国的博士一词起源于2000多年前的战国时期,是一种学官名。博士任职者负责保管文献档案、编撰著述,须知识渊博并负有传授学问的职责。东汉学者应劭在《汉官仪》中写道:"博者,通博古今;士者,辩于然否。"后来,人们逐渐把精通某种职业的专门人才称为博士。博士作为一种学位,最早产生于12世纪,最初它是加入教师行会的一种资格证书。19世纪初,德国柏林大学成立,其哲学院取代了以往神学院在大学中的地位,在大学发展的历史上首次产生了由哲学院授予的哲学博士学位,并赋予了哲学博士深层次的教育内涵,即推崇学术自由、创造新知识。哲学博士的设立标志着现代博士生教育的开端,博士则被定义为独立从事学术研究、具备创造新知识能力的人,是学术精神的传承者和光大者。

---

① 本文首发于《光明日报》,2017年12月5日。

博士生学习期间是培养学术精神最重要的阶段。博士生需要接受严谨的学术训练,开展深入的学术研究,并通过发表学术论文、参与学术活动及博士论文答辩等环节,证明自身的学术能力。更重要的是,博士生要培养学术志趣,把对学术的热爱融入生命之中,把捍卫真理作为毕生的追求。博士生更要学会如何面对干扰和诱惑,远离功利,保持安静、从容的心态。学术精神,特别是其中所蕴含的科学理性精神、学术奉献精神,不仅对博士生未来的学术事业至关重要,对博士生一生的发展都大有裨益。

独创性和批判性思维是博士生最重要的素质

博士生需要具备很多素质,包括逻辑推理、言语表达、沟通协作等,但是最重要的素质是独创性和批判性思维。

学术重视传承,但更看重突破和创新。博士生作为学术事业的后备力量,要立志于追求独创性。独创意味着独立和创造,没有独立精神,往往很难产生创造性的成果。1929年6月3日,在清华大学国学院导师王国维逝世二周年之际,国学院师生为纪念这位杰出的学者,募款修造"海宁王静安先生纪念碑",同为国学院导师的陈寅恪先生撰写了碑铭,其中写道:"先生之著述,或有时而不章;先生之学说,或有时而可商;惟此独立之精神,自由之思想,历千万祀,与天壤而同久,共三光而永光。"这是对于一位学者的极高评价。中国著名的史学家、文学家司马迁所讲的"究天人之际,通古今之变,成一家之言"也是强调要在古今贯通中形成自己独立的见解,并努力达到新的高度。博士生应该以"独立之精神、自由之思想"来要求自己,不断创造新的学术成果。

诺贝尔物理学奖获得者杨振宁先生曾在20世纪80年代初对到访纽约州立大学石溪分校的90多名中国学生、学者提出:"独创性是科学工作者最重要的素质。"杨先生主张做研究的人一定要有独创的精神、独到的见解和独立研究的能力。在科技如此发达的今天,学术上的独创性变得越来越难,也愈加珍贵和重要。博士生要树立敢为天下先的志向,在独创性上下功夫,勇于挑战最前沿的科学问题。

批判性思维是一种遵循逻辑规则、不断质疑和反省的思维方式,具有批判性思维的人勇于挑战自己,敢于挑战权威。批判性思维的缺乏往往被认为是中国学生特有的弱项,也是我们在博士生培养方面存在的一个普遍问题。2001年,美国卡内基基金会开展了一项"卡内基博士生教育创新计划",针对博士生教育进行调研,并发布了研究报告。该报告指出:在美国和欧洲,培养学生保持批判而质疑的眼光看待自己、同行和导师的观点同样非常不容易,批判性思维的培养必须成为博士生培养项目的组成部分。

对于博士生而言,批判性思维的养成要从如何面对权威开始。为了鼓励学生质疑学术权威、挑战现有学术范式,培养学生的挑战精神和创新能力,清华大学在2013年发起"巅峰对话",由学生自主邀请各学科领域具有国际影响力的学术大师与清华学生同台对话。该活动迄今已经举办了21期,先后邀请17位诺贝尔奖、3位图灵奖、1位菲尔兹奖获得者参与对话。诺贝尔化学奖得主巴里·夏普莱斯(Barry Sharpless)在2013年11月来清华参加"巅峰对话"时,对于清华学生的质疑精神印象深刻。他在接受媒体采访时谈道:"清华的学生无所畏惧,请原谅我的措辞,但他们真的很有胆量。"这是我听到的对清华学生的最高评价,博士生就应该具备这样的勇气和能力。培养批判性思维更难的一层是要有勇气不断否定自己,有一种不断超越自己的精神。爱因斯坦说:"在真理的认识方面,任何以权威自居的人,必将在上帝的嬉笑中垮台。"这句名言应该成为每一位从事学术研究的博士生的箴言。

提高博士生培养质量有赖于构建全方位的博士生教育体系

一流的博士生教育要有一流的教育理念,需要构建全方位的教育体系,把教育理念落实到博士生培养的各个环节中。

在博士生选拔方面,不能简单按考分录取,而是要侧重评价学术志趣和创新潜力。知识结构固然重要,但学术志趣和创新潜力更关键,考分不能完全反映学生的学术潜质。清华大学在经过多年试点探索的基础上,于2016年开始全面实行博士生招生"申请-审核"制,从原来的按照考试分数招收博士生,转变为按科研创新能力、专业学术潜质招收,并给予院系、学科、导师更大的自主权。《清华大学"申请-审核"制实施办法》明晰了导师和院系在考核、遴选和推荐上的权力和职责,同时确定了规范的流程及监管要求。

在博士生指导教师资格确认方面,不能论资排辈,要更看重教师的学术活力及研究工作的前沿性。博士生教育质量的提升关键在于教师,要让更多、更优秀的教师参与到博士生教育中来。清华大学从2009年开始探索将博士生导师评定权下放到各学位评定分委员会,允许评聘一部分优秀副教授担任博士生导师。近年来,学校在推进教师人事制度改革过程中,明确教研系列助理教授可以独立指导博士生,让富有创造活力的青年教师指导优秀的青年学生,师生相互促进、共同成长。

在促进博士生交流方面,要努力突破学科领域的界限,注重搭建跨学科的平台。跨学科交流是激发博士生学术创造力的重要途径,博士生要努力提升在交叉学科领域开展科研工作的能力。清华大学于2014年创办了"微沙龙"平台,同学们可以通过微信平台随时发布学术话题,寻觅学术伙伴。3年来,博士生参与和发起"微沙龙"12 000多场,参与博士生达38 000多人次。"微沙龙"促进了不同学科学生之间的思想碰撞,激发了同学们的学术志趣。清华于2002年创办了博士生论坛,论坛由同学自己组织,师生共同参与。博士生论坛持续举办了500期,开展了18 000多场学术报告,切实起到了师生互动、教学相长、学科交融、促进交流的作用。学校积极资助博士生到世界一流大学开展交流与合作研究,超过60%的博士生有海外访学经历。清华于2011年设立了发展中国家博士生项目,鼓励学生到发展中国家亲身体验和调研,在全球化背景下研究发展中国家的各类问题。

在博士学位评定方面,权力要进一步下放,学术判断应该由各领域的学者来负责。院系二级学术单位应该在评定博士论文水平上拥有更多的权力,也应担负更多的责任。清华大学从2015年开始把学位论文的评审职责授权给各学位评定分委员会,学位论文质量和学位评审过程主要由各学位分委员会进行把关,校学位委员会负责学位管理整体工作,负责制度建设和争议事项处理。

全面提高人才培养能力是建设世界一流大学的核心。博士生培养质量的提升是大学办学质量提升的重要标志。我们要高度重视、充分发挥博士生教育的战略性、引领性作用,面向世界、勇于进取,树立自信、保持特色,不断推动一流大学的人才培养迈向新的高度。

邱勇

清华大学校长

2017年12月

丛书序二

以学术型人才培养为主的博士生教育,肩负着培养具有国际竞争力的高层次学术创新人才的重任,是国家发展战略的重要组成部分,是清华大学人才培养的重中之重。

作为首批设立研究生院的高校,清华大学自20世纪80年代初开始,立足国家和社会需要,结合校内实际情况,不断推动博士生教育改革。为了提供适宜博士生成长的学术环境,我校一方面不断地营造浓厚的学术氛围,一方面大力推动培养模式创新探索。我校从多年前就已开始运行一系列博士生培养专项基金和特色项目,激励博士生潜心学术、锐意创新,拓宽博士生的国际视野,倡导跨学科研究与交流,不断提升博士生培养质量。

博士生是最具创造力的学术研究新生力量,思维活跃,求真求实。他们在导师的指导下进入本领域研究前沿,吸取本领域最新的研究成果,拓宽人类的认知边界,不断取得创新性成果。这套优秀博士学位论文丛书,不仅是我校博士生研究工作前沿成果的体现,也是我校博士生学术精神传承和光大的体现。

这套丛书的每一篇论文均来自学校新近每年评选的校级优秀博士学位论文。为了鼓励创新,激励优秀的博士生脱颖而出,同时激励导师悉心指导,我校评选校级优秀博士学位论文已有20多年。评选出的优秀博士学位论文代表了我校各学科最优秀的博士学位论文的水平。为了传播优秀的博士学位论文成果,更好地推动学术交流与学科建设,促进博士生未来发展和成长,清华大学研究生院与清华大学出版社合作出版这些优秀的博士学位论文。

感谢清华大学出版社,悉心地为每位作者提供专业、细致的写作和出版指导,使这些博士论文以专著方式呈现在读者面前,促进了这些最新的优秀研究成果的快速广泛传播。相信本套丛书的出版可以为国内外各相关领域或交叉领域的在读研究生和科研人员提供有益的参考,为相关学科领域的发展和优秀科研成果的转化起到积极的推动作用。

感谢丛书作者的导师们。这些优秀的博士学位论文,从选题、研究到成文,离不开导师的精心指导。我校优秀的师生导学传统,成就了一项项优秀的研究成果,成就了一大批青年学者,也成就了清华的学术研究。感谢导师们为每篇论文精心撰写序言,帮助读者更好地理解论文。

感谢丛书的作者们。他们优秀的学术成果,连同鲜活的思想、创新的精神、严谨的学风,都为致力于学术研究的后来者树立了榜样。他们本着精益求精的精神,对论文进行了细致的修改完善,使之在具备科学性、前沿性的同时,更具系统性和可读性。

这套丛书涵盖清华众多学科,从论文的选题能够感受到作者们积极参与国家重大战略、社会发展问题、新兴产业创新等的研究热情,能够感受到作者们的国际视野和人文情怀。相信这些年轻作者们勇于承担学术创新重任的社会责任感能够感染和带动越来越多的博士生,将论文书写在祖国的大地上。

祝愿丛书的作者们、读者们和所有从事学术研究的同行们在未来的道路上坚持梦想,百折不挠!在服务国家、奉献社会和造福人类的事业中不断创新,做新时代的引领者。

相信每一位读者在阅读这一本本学术著作的时候,在吸取学术创新成果、享受学术之美的同时,能够将其中所蕴含的科学理性精神和学术奉献精神传播和发扬出去。

清华大学研究生院院长

2018 年 1 月 5 日

导师序言

民间借贷作为一种历史悠久、大范围存在的金融活动,一方面能够方便、快捷地满足居民或者企业的金融需求,另一方面由于缺乏必要的规范容易导致非法集资等违法犯罪行为的发生。开展民间借贷研究,既有重要的理论价值,也有重要的应用价值。

本书在对约 276 万份民间借贷司法文书解析的基础上,对民间借贷利率及其影响因素进行了深入研究。研究结果发现:(1)民间借贷利率分布并不均匀,一半以上的民间借贷不收取利息,地区发展程度、借款时间等对有息贷款的利率有显著影响;(2)正规金融发展有利于降低民间借贷利率,正规金融发展每增加一个标准差,民间借贷利率平均下降 73 个基点;(3)网络民间借贷对民间借贷的利率有降低作用,网络民间借贷被禁止后,民间借贷利率平均上升了 164 个基点;(4)借贷双方的关系对借款是否收取利息有显著影响,亲密关系之间的借款利率比非亲密关系低 197 个基点。

本书主要有以下三个创新点:

第一是研究数据的质量与可靠性高。民间借贷长期处于灰色地带,参与者往往不愿披露真实的借贷信息,导致民间借贷调查准确度较低。本书的民间借贷数据是经过法庭调查、借贷双方质证后的结果,数据的准确性、全面性和可靠性有显著的提高,有助于发现民间借贷的真实情况,提高学术研究成果的质量。

第二是丰富已有民间借贷利率学术研究。本书基于民间借贷司法文书大数据,从正规金融和网络金融发展角度研究民间借贷利率的影响因素,填补了已有研究的空白。

第三是完善了已有零利率民间借贷研究。由于研究数据匮乏,零利率民间借贷的现有研究更多的是理论分析和模型推导,基于借贷数据的实证研究凤毛麟角,本书对零利率民间借贷相关理论进行了实证检验。

廖 理

2024 年 1 月

摘 要

民间借贷是现代金融体系的重要组成部分。以往研究主要集中在正规金融机构提供的信贷服务上,对于民间借贷的借款成本尚无充分讨论。本书旨在对我国民间借贷利率的分布特征及其影响因素进行全面分析。

针对该研究问题,本书通过分析发生在2000—2018年321个地级市的276.3万份司法文书中的真实民间借贷,构建全新的高质量民间借贷利率数据库。与当前相关领域所用数据相比,该数据库的准确性和覆盖度均有显著提升。利用借款层面的真实数据,本书提供了四个方面的核心发现与学术贡献。

首先,本书梳理了我国民间借贷利率真实分布特征,主要发现有:第一,样本中超过六成民间借贷是不收取借款利息的零息贷,零息贷无明显时间和空间集中特征;第二,有息贷样本年化利率均值和中位数分别是22.4%和24%;第三,地区金融发展程度较高的东部沿海地区有息贷利率显著低于中西部区域;第四,有息贷利率呈现先升(2000—2013年)后降(2013—2016年)再升(2016—2018年)的趋势,恰好与以网贷平台为代表的非正规金融模式的兴起和规范阶段一致。

其次,本书发现地区正规金融发展有利于降低有息民间借贷利率:地区人均机构贷款余额占人均经济总量的比例每增加一个标准差,则地区民间有息借贷年化利率降低73个基点;使用渐进双重差分模型识别因果效应发现,设立小贷公司的区县有息贷利率变化比同区域没有小贷公司的区县低159个基点。

再次,本书检验了以网络借贷为代表的非正规金融与民间借贷利率的关系。网络借贷虽存在发展不规范等诸多问题,但对于降低民间借贷利率有显著作用。结合清华大学金融科技研究院网贷平台特征数据,使用双重差分模型发现,受网络借贷行业合规政策影响区域的有息贷利率比未受影响区域高418个基点。

最后,本书探索了社会关系对借贷利率的影响。研究发现:借贷双方之间的社会关系越紧密,选择零息贷的概率越高;在有息民间借贷中,社会关系对有息贷利率的影响并不显著。以往文献中的"预期回报"渠道无法为该现象提供充分解释,本书开创性地提出"过往交情"视角下的连锁合约机制。

关键词:民间借贷;金融发展;零息贷;大数据

Abstract

Informal lending plays a key role in modern financial markets. While many studies focus on loans made by formal institutions, much less is known about the costs of borrowing informal loans. The goal of this book is to provide a comprehensive study for the borrowing costs of private loans, shedding light on the underlying determinants.

To this end, this book constructs a new loan-level private lending database by analyzing millions of judicial reports collected from 321 cities in China between 2000 and 2018. Relative to the existing data on private lending rates, this new database significantly improves the accuracy of lending rates and the geographic coverage of loans. Leveraging on this loan-level data, this book provides the following four sets of main results, and hence, contribute to the literature in four different aspects.

Firstly, this book documents new descriptive patterns for private lending rates. There are four noteworthy findings: (1)Perhaps surprisingly, more than 60% of private loans have no explicit borrowing costs. Such zero-interest loans do not exhibit significant time trends or concentrate in particular region; (2) Among the 40% of private loans with positive interest rates, the average and median interest rates are about 22.4% and 24% per annum; (3)The interest rates display strong heterogeneity across regions. The rates are lower in the eastern region than the central and west regions of China, which seem to be negatively correlated with the development of regional financial markets; And (4)the average interest rate declines from 2013-2016, which coincide with the burgeoning P2P lending and rises sharply from 2016-2018, right after the tightened government regulation in 2016.

Secondly, this book finds that the development of formal financial sectors could lead to lower interest rates for private loans. Specifically, one standard deviation increase in the local bank loan-to-GDP ratio is associated with a 73 bps decrease in the average interest rate of non-zero-interest loans. In addition, by exploring the staggered establishment of micro-lending institutions (MFIs) across counties using a staggered difference-in-differences (DID) method, this book finds that the average interest rate of non-zero-interest loans is 150 bps lower in counties with MFIs than those without.

Thirdly, this book examines the relationship between informal finance represented by P2P online lending and private lending rates. Despite its many issues, online informal finance plays a significant role in reducing the interest rate of private lending. For example, by utilizing P2P platform-level data from Tsinghua PBCSF IFR Centre using a DID method, this book finds that private lending rates are 418 bps higher in areas most affected by compliance policies in the P2P online lending industry than in areas least affected.

Finally, this book sheds light on how borrower-lender relationship shapes the interest rates of private loans. The findings suggest that lenders are more likely to offer zero-interest loans to borrowers if they have closer social relationship. However, conditional on offering non-zero-interest loans, social relationship does not have a significant impact on the interest rate. The "future rewards" channel in existing literature does not work in this particular setting, thus this book provides a novel "past relationship" channel.

Key words: Informal lending; Financial development; Zero interest rate; Big data

目 录

第1章 引言 ··· 1
  1.1 研究动机 ··· 1
  1.2 研究问题与发现 ··· 2
  1.3 本书结构 ··· 4
  1.4 研究意义与创新点 ······································· 6
    1.4.1 数据和研究方法层面 ······························· 6
    1.4.2 理论层面 ··· 6
    1.4.3 实践层面 ··· 8

第2章 文献综述 ··· 10
  2.1 影响民间借贷利率的宏观因素 ····························· 10
    2.1.1 正规金融市场 ····································· 10
    2.1.2 网络借贷等非正规金融市场 ························· 12
    2.1.3 文化和地理因素(分割性市场) ······················· 13
    2.1.4 制度因素(利率管制) ······························· 14
  2.2 影响民间借贷利率的微观因素 ····························· 17
    2.2.1 风险成本 ··· 17
    2.2.2 社会关系 ··· 18
    2.2.3 社会关系与零息贷合约 ····························· 20
  2.3 现有文献述评 ··· 23
    2.3.1 数据层面 ··· 23
    2.3.2 理论层面 ··· 25

第3章 数据和描述性统计 ······································· 26
  3.1 数据来源 ··· 26
  3.2 数据描述 ··· 27

  3.2.1 变量定义 ·· 29
  3.2.2 描述性统计 ·· 36
 3.3 相关分析与典型事实 ·· 41
  3.3.1 借款契约维度变量的相关性分析 ······················· 41
  3.3.2 零息贷与有息贷的借款特征差异检验 ··················· 43
  3.3.3 民间借贷的行业特征 ··································· 44

第 4 章 大数据视角下的我国民间借贷利率 ···················· 47
 4.1 民间借贷利率演进的历史回顾 ································ 47
 4.2 我国民间借贷市场分布特征 ···································· 54
 4.3 我国民间借贷市场趋势特征 ···································· 56

第 5 章 正规金融对民间借贷利率的影响——以银行和小贷公司为例 ··· 61
 5.1 引论 ·· 61
 5.2 数据描述 ·· 63
  5.2.1 民间借贷微观数据 ····································· 63
  5.2.2 地区经济与社会发展数据 ······························· 64
  5.2.3 正规金融市场利率数据 ································· 67
  5.2.4 县域层面宏观经济数据 ································· 69
 5.3 研究假设和实证设计 ·· 70
  5.3.1 研究假设 ·· 70
  5.3.2 实证设计 ·· 71
 5.4 实证结果 ·· 72
  5.4.1 主要回归结果 ·· 72
  5.4.2 异质性检验 ·· 76
  5.4.3 稳健性检验 ·· 80
 5.5 实证因果识别 ·· 83
  5.5.1 政策背景与准自然实验环境 ···························· 83
  5.5.2 渐进双重差分模型的实证设计 ························ 85
  5.5.3 因果识别结果 ··· 87
 5.6 本章小结 ·· 89

第6章 非正规金融对民间借贷利率的影响——以网贷平台为例 …… 91
6.1 引论 …… 91
6.2 政策背景、研究假设和实验设计 …… 94
6.2.1 网贷监管政策与"准自然实验" …… 94
6.2.2 研究假设 …… 95
6.2.3 实验设计 …… 95
6.3 数据描述 …… 97
6.3.1 网贷平台数据 …… 97
6.3.2 民间借贷数据 …… 99
6.3.3 城市层面数据 …… 101
6.4 实证结果 …… 103
6.4.1 多期平行性检验 …… 103
6.4.2 主要回归结果 …… 103
6.4.3 稳健性检验 …… 105
6.4.4 异质性分析 …… 109
6.5 本章小结 …… 113

第7章 社会关系对民间借贷利率的影响——零息贷视角 …… 116
7.1 引论 …… 116
7.2 研究假设和实证设计 …… 119
7.2.1 研究假设 …… 119
7.2.2 实证设计 …… 120
7.3 数据描述 …… 124
7.3.1 借款层面数据 …… 124
7.3.2 地区层面数据 …… 127
7.3.3 按社会关系划分的借款特征变量差异 …… 128
7.4 实证结果 …… 129
7.4.1 主要实证结果 …… 129
7.4.2 稳健性检验 …… 134
7.4.3 机制检验 …… 137
7.5 本章小结 …… 141

第 8 章 结论 …… 143
8.1 研究内容和主要结论 …… 143
8.2 主要创新点 …… 145
8.3 局限性和展望 …… 146

参考文献 …… 148

后记 …… 161

第 1 章 引 言

1.1 研究动机

改革开放以来,我国正规金融取得快速发展:银行业资产总规模位居全球第一,工农中建四大行也成为全球系统性重要银行。在正规金融快速发展的同时,民间金融在我国经济发展和人民生活中仍然发挥着重要作用。民间融资渠道占我国中小企业融资的六成[1],七成有借贷需求的家庭首选民间借贷渠道(廖理等,2021)。民间借贷具有隐蔽性,目前尚无对于民间借贷总规模的精确统计(黄文喆,2017)。但 2013 年 7 月发布的《银行与家庭金融行为》调查报告显示,民间借贷总规模早在 2013 年就已达到 8.6 万亿元。大量文献表明,民间借贷在我国具有不可忽视的经济影响(Tsai,2004;Allen et al.,2005;Lee & Persson,2016)。

利率作为民间借贷市场的价格,一直以来都受到学术界、司法和金融监管部门的高度关注。为应对民间借贷带来的风险[2],政府往往通过设定利率保护上限对民间借贷进行规制。"如何设定利率上限"是国际学术界和政策制定者的经典争议性话题(Cuesta & Sepúlveda,2021)。以我国为例,20世纪 90 年代以来利率上限历经四次更迭[3]。那么,究竟应该如何对民间借贷市场利率进行规范?要解决这个问题需要先回答:我国民间利率究竟多高?如何分布?影响因素又是什么?然而,遗憾的是,我们目前对此问题的

---

[1] 中国人民银行行长易纲 2018 年发言。参见:http://www.gov.cn/zhengce/2018-06/19/content_5299572.htm。
[2] 民间借贷作为一把双刃剑,在提供便利的同时伴随着不规范,轻则引起民事纠纷,重则形成金融诈骗,在给当事人造成财务损失的同时,易引发社会风险问题。2022 年 3 月中国银行保险监督管理委员会主席郭树清指出,过去五年累计立案查处非法集资案件 2.5 万多起。
[3] 1991 年,最高法院规定民间借贷利率保护上限为银行同类贷款利率的四倍;2002 年,最高法院将利率上限调整为中国人民银行公布的金融机构同期同档次贷款利率的四倍;2015 年,最高法院规定民间借贷利率以 24% 和 36% 为基准划定"两线三区";2020 年,最高法院又将利率上限调整为一年期贷款市场报价利率(LPR)的四倍。

认识并不完善。

现有文献对民间借贷的研究往往局限在特定区域[①]，缺乏全国范围内具有代表性和持续性的微观数据支持。受限于民间借贷的不连续性、分散性和隐蔽性，难以获取借款层面的真实微观数据[②]。目前民间借贷微观层面的研究，只能追溯到陈志武等（2014；2016；2018）基于清代借款契约文书史料进行的借款层面微观研究，这对于研究我国当今社会借贷利率的参考价值非常有限，当代民间借贷利率分布特征及其影响机制这一问题至今尚未得到完全解决。

伴随着 2013 年我国最高人民法院的文书上网要求[③]，全球最大的法律文书网站"中国裁判文书网"应运而生。司法文书可以提供丰富且准确的民间借贷信息，克服了民间借贷不连续性、分散性、隐蔽性的研究难点。通过运用自然语言技术对 276.3 万份借贷文书进行结构化处理获取民间借贷微观变量，本书建设了借款层面的民间借贷微观大数据库。数据库样本覆盖全国 31 个省级行政区（省、直辖市、自治区）、321 个地级行政区（地区、盟、自治州、地级市）和 2774 个县级行政区（县、自治县、旗、自治旗、县级市、市辖区、林区、特区），时间为 2000—2018 年，样本变量丰富，具备全面性、准确性、真实性的优势。这一数据库不仅填补了我国当代民间借贷微观数据库的空白，更是为本书的研究奠定了良好的微观实证研究基础。

1.2　研究问题与发现

本书界定民间借贷为自然人之间基于社会关系的、合法的直接借贷行为[④]。本书通过分析 276.3 万份司法文书构建民间借贷的微观案例数据，以借款层面微观数据为基础，研究民间借贷利率的分布特征及其影响因素。

首先，本书研究借贷利率总体特点和分布特征。本书发现多数民间借

[①]　目前民间借贷利率数据主要来自中国人民银行各个地区支行的民间借贷监测站。

[②]　通常认为，民间借贷的借贷时间不连续，借贷地点分散，借贷双方出于隐私保护瞒报借贷规模、因担心触犯法律等原因低报借贷利率导致数据失真，这些属性增大了民间借贷数据获取的难度。

[③]　2013 年 7 月，《最高人民法院裁判文书上网公布暂行办法》正式实施。依据该办法，除法律规定的特殊情形外，最高人民法院发生法律效力的判决书、裁定书、决定书一般均应在互联网公布。

[④]　本书对民间借贷的界定是狭义范畴。广义范畴可以参考我国司法部门的明确界定，本书第 3 章第一部分对此有详细阐述。

贷并不收取利息,样本中63%的民间借贷是零息贷①,零息贷呈现金额小、借期不明确、无抵押、多用于消费等特点。在利率大于零的有息贷中,平均年化利率是22%,中位数是24%。从空间分布看,民间借贷具有较强的本地属性,八成民间借贷的借贷双方位于同省(份)。各地区之间的有息贷利率有较大差异,民间借贷活跃的东部沿海地区利率较低,而民间借贷相对不活跃的中西部地区利率较高。从时间分布看,有息贷的利率近年来呈现先升后降再升的趋势,而零息贷占比未呈现显著变化趋势。基于民间借贷利率的分布特点,本书接着提出两个研究问题:第一,究竟是什么原因促使零息贷的产生②?第二,对于那些利率大于零的有息贷,有息贷利率又受到哪些因素的影响③?本书从宏观视角(外部环境、地区层面)和微观视角(内部因素、个人层面)两个角度研究上述问题。

其次,本书研究正规金融发展对民间借贷利率的影响。本书发现以银行和小贷公司为代表的正规金融机构的设立和发展对促进民间借贷利率降低有显著作用,且民间借贷利率的降低主要体现在有息贷利率。具体结论是:(1)地区的正规金融发展程度每增加一个标准差,民间有息借贷年化利率下降73个基点,而地区零息贷占比并没有显著改变。使用区县小贷公司的分批次设立作为因果识别策略,设立首个小贷公司的区县与同一城市没有小贷公司的区县相比,有息借贷利率低159个基点。(2)生产型借款的边际效应大于消费型借款。(3)东部区域的边际影响最大,东北部区域的边际影响最小。当然,除正规金融机构外,以网络贷款平台为代表的游离于金融监管之外的非正规金融在我国金融发展中同样扮演重要角色。

再次,本书研究以网络借贷为代表的非正规金融发展对民间借贷利率的影响。利用网贷平台监管的"准自然实验",使用双重差分模型,本书发现监管政策对网络借贷的规范将借贷需求从网贷市场挤入民间借贷市场,导致后者利率上升。具体发现是:(1)政策出台之后实验组的民间借贷利率比对照组高164个基点,其中有息贷样本提升359个基点;(2)使用倾向得

---

① 民间借贷自然人之间借贷利息的认定标准为:根据《中华人民共和国合同法》第211条规定,自然人之间的借款合同对支付利息没有约定或者约定不明确的,视为不支付利息。根据《最高人民法院关于审理民间借贷案件适用法律若干问题的规定》第24条规定,借贷双方没有约定利息,出借人主张支付利息的,人民法院不予支持。根据《中华人民共和国民法典》第680条规定,借款合同对支付利息没有约定的,视为没有利息。

② 民间借贷利率影响机制的外延边际(extensive margin)。

③ 民间借贷利率影响机制的集约边际(intensive margin)。

分匹配、调整实验组产生方式,以及安慰剂检验等方式对回归结果进行检验,回归结果依然稳健;(3)非正规金融对民间借贷利率的影响主要体现在高分位利率、大额且有明确期限的利率合约,以及四十岁以下的男性借款者。

金融发展等宏观因素对民间借贷利率的影响主要体现在有息贷利率而非零息贷选择,那么是什么因素影响了零息贷的产生呢?**最后,本书研究了社会关系对零息贷选择的影响**。具体结论是:(1)亲密关系之间的平均借贷利率比非亲密关系低 197 个基点;(2)平均借款利率的降低主要体现在选择零息贷概率的提升,借贷双方的社会关系紧密程度越高,发生零息贷的概率越高,紧密型关系之间签订零息贷合约的概率比非紧密型关系高 9.94%;(3)一旦借贷双方约定有息贷,借贷双方之间的强连接关系与有息贷利率的高低没有显著关系;(4)机制探索发现,亲密型关系之间的零息贷合约选择是基于"过往交情"的理性选择。

1.3 本书结构

本书结构见图 1-1。

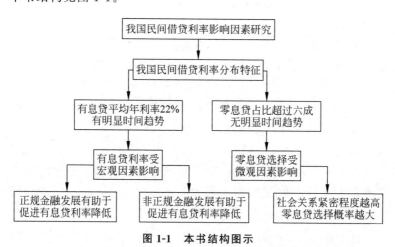

图 1-1 本书结构图示

第 1 章是引言。首先,介绍研究动机,阐明本书研究问题的重要性以及当前文献的匮乏现状,并提出本书的研究方法。其次,对研究问题作出清晰界定,并依次介绍主要研究发现。之后展示本书研究思路和章节构成,最后阐述研究意义与创新点。

第 2 章是文献回顾与评述。首先,从影响民间借贷利率的宏观因素视角,对文献中民间借贷与正规金融、非正规金融、地理文化因素和制度因素的关系进行梳理。其次,从微观因素视角梳理文献中风险成本与社会关系对利率的影响,并特别对关于零息贷的探讨进行全面梳理。最后,给出文献述评和本书学术创新点。

第 3 章详细介绍本书使用的民间借贷微观数据。首先,介绍本书使用的全新微观借款数据的来源。其次,详细说明数据的变量定义和描述性统计。最后,提供了一些相关性分析与典型事实,帮助读者理解民间借贷微观数据的特点与规律。

第 4 章对我国民间借贷利率的分布特征进行提炼总结。首先,回顾民间借贷利率的历史演进,提出研究当今社会利率特征的必要性。其次,从地域维度介绍我国当今民间借贷市场(特别是借贷利率)的分布特征。最后,从时间维度介绍趋势特征。

第 5 章研究地区正规金融发展对民间借贷利率的影响。首先,发现地区正规金融发展水平对民间借贷利率的影响主要是通过有息贷利率降低而非通过提高零息贷占比产生的,并进一步对有息借贷样本做异质性分析和稳健性检验。其次,为了缓解内生性问题,将县域小贷公司分批次设立视为准自然实验,使用渐进双重差分模型,对地区金融机构设立对民间借贷利率的影响进行因果识别。

第 6 章延续宏观因素的探讨,主要关注地区金融发展中非正规金融机构对于民间借贷利率的影响。首先,利用网贷行业规范阶段针对平台的电信业务经营许可和银行存管两个合规政策,检验平行趋势前提假设后,使用双重差分模型识别合规政策带来的网贷规模外生性下降对传统线下民间借贷利率的影响。其次,对回归结果进行倾向得分匹配以及安慰剂检验等稳健性检验。最后,对回归结果进行异质性检验。

第 7 章从宏观转向微观,研究借贷双方的社会关系对民间借贷利率的影响。首先,对社会关系紧密度进行划分,并且对不同社会关系的借款特征进行描述。其次,采用双向交互固定效应模型进行回归分析,发现紧密型关系的平均民间借贷利率比非紧密型关系的平均借款利率低,且主要作用在零息贷概率;借贷双方的社会关系紧密程度越高,发生零息贷的概率越高。上述结论在稳健性检验中结果保持一致。最后,对基于人情关系的连锁合约等机制进行检验和探讨。

第 8 章进行本书总结。主要为:回顾主要结论,再次提炼创新性,讨论数据局限性,展望未来可能的研究方向。

1.4 研究意义与创新点

1.4.1 数据和研究方法层面

本书的创新点首先体现在数据贡献上。本书构建了全新的数据库。通过分析司法文书文本,全面刻画2000—2018年中国的民间借贷市场,特别是借贷契约的微观特征,如利率、金额、借期、抵押、用途,以及借贷双方的特征和借款契约签订时间等。文献中基于契约层面的民间借贷微观研究是极为匮乏的,现有关于民间借贷利率的研究主要集中在农村的民间借贷,但是随着我国城镇化的发展,大量民间借贷实际上发生在城市,甚至包括经济较为发达的地区。本书开创性地研究当代中国民间借贷利率的特征和特点,扩展了关于借款契约层面的民间借贷实证研究,通过建立民间借贷大数据库,填补了我国当代传统民间借贷利率数据的空白。

本书拓展了另类数据使用场景。另类数据作为非传统来源的新型数据,具有颗粒度高和真实性强的特点,在投资研究场景中已有广泛应用。本书将另类数据的应用场景拓展到地方民间借贷市场分析。以往对民间借贷市场的研究局限于案例分析或是温州等特定地区的局部分析,缺乏全国性大样本实证数据。2013年以来,我国在司法信息公开和电子政务建设方面取得重大进展,为民间借贷的研究提供了新的可能性,使用司法文书信息相比传统的史料研究具有一定优势。本书开创性地利用公开的司法判决书对民间借贷市场的价格及其形成因素进行深入分析。该方法作为另类数据应用的拓展,克服了传统方法采集民间借贷数据不连续、不全面、不真实的问题。从连续性和全面性来看,本书的样本数据覆盖全国321个地级市,样本时间为2000—2018年,填补了现有官方披露民间利率数据仅覆盖部分地区这一数据的空白(中国人民银行温州支行自2003年开始展开民间利率监测工作,但样本范围仅局限于温州,不足以反映全国其他地区的民间利率水平)。从真实性来看,官方对民间利率的监测普遍使用抽样调查方式,调查对象可能出现瞒报和错报的情况,使用大数据分析真实存在的民间借贷案例,提高了样本的真实性和可靠性。

1.4.2 理论层面

本书的研究问题具有学术价值。首先,过去30年以来,金融发展对实体经济的影响一直是广受学术界关注的经典问题(Levine,1997;Levine et al.,2021;Jeong & Townsend,2007)。大量文献表明,金融发展,特别是以银行为代表的正规金融发展,在实体经济中发挥着重要作用(Dabla-Norris et al.,2021;Ji et al.,2021)。在不同的宏观理论模型中,利率是金融发展与实体经济连接的重要桥梁:从生产的角度来看,金融发展通过利率来调整资源分配,从而影响经济体的生产效率和生产总量;从消费的角度来看,金融发展通过降低利率来缓解消费者融资约束,从而影响消费总量和消费者福利。然而,一个在实证上有待解决的问题是,正规金融发展是否有效降低了每一个微观主体面临的利率?本书对此作出了解答。此外,本书从地方均衡利率的视角研究正规金融市场与民间借贷的关系。现有文献在探究二者关系时,多忽略地区之间均衡利率的差异和变化。例如,文献往往假设民间借贷的均衡利率是不变的,即民间借贷市场的供给是完全弹性的,基于这个假设,观察借款人质量的变化从而检验两个市场借款人质量分布的差异。本书同时考察了民间借贷市场的供给和需求,从地方均衡利率的角度对正规金融市场和民间借贷关系作出分析。

其次,除正规金融以外,现有文献越来越关注非正规金融与宏观经济的关系,但是往往忽略我国民间借贷市场中非正规金融机构与传统民间借贷的差异。文献通常将非正规金融机构直接等同于非正规金融,忽略了非正规金融中的大量传统私人借贷。实际上,非正规金融机构与传统私人借贷之间存在互动关系,忽略这种互动关系,会导致已有的探讨非正规金融对经济增长或者收入分配的影响系数出现偏误(张博等,2018;王擎、田娇,2014;廖冠民、宋蕾蕾,2020)。本书考察非正规金融下非正规金融机构与传统民间借贷之间的关系,为研究非正规金融与其他宏观经济问题提供了新的视角。从网贷与传统民间借贷的关系来看,学术界目前主要关注网贷与传统民间借贷的核心差异[①],较少关注网贷与传统民间借贷之间的关联,本书开创性地研究了网贷市场对传统民间借贷的影响,特别是网贷行业的

[①] 核心差异在于借贷双方是否产生了经济学意义上的传统的直接借贷关系(郭峰等,2017)。民间借贷以"关系"作为交易和契约执行的基础,是一种出借人和借款人之间权利义务明确的直接借贷关系。借助熟人之间的非正式信息,一方面减少了信息不对称问题,另一方面可以利用熟人圈的声誉机制和信息收集便利,实现对恶意欠债者的天然约束与高效催收。而网络借贷大多数是陌生人间的非人格化交易。特别是采用自动化投标模式的平台将多个借款标的打包在一起,出借人无法看到单个项目的风险度,只能依据对平台本身的风险评估作出借款决策,出借者无法观测标的资产是否真实发生过违约,因为这些违约可能会由平台以风险准备金、债券回购等各种形式进行弥补。此外一旦违约发生,出借人也无法与借款人进行协商或对借款人提出诉讼。

兴衰发展对于传统民间借贷的溢出效应。从网贷行业的兴衰发展和监管来看,文献目前对于影响网贷平台兴衰的宏观因素和微观逻辑的探讨已经十分充分,但是对于以网贷为代表的我国非正规金融市场的发展给其他金融市场带来的影响并没有充分讨论。本书开创性地研究了网贷行业受到行业监管后对于其他借贷市场的溢出效应。

最后,本书使用微观数据对社会关系与民间借贷领域的学术研究作出贡献。在当今中国,紧密连接的亲人和朋友之间的借贷非常普遍,而这些关系如何影响借贷利率?又是通过哪些渠道影响利率?利率降低了多少?人情的价值几何?这些都是具有重要意义的经济学课题。遗憾的是,目前学术界对这个话题的探讨十分匮乏。受限于微观数据可得性,以往研究主要关注社会网络对民间借贷行为的影响(Kinnan & Robert,2012;杨汝岱等,2011;胡枫、陈玉宇,2012;马宏、张月君,2019;徐丽鹤、袁燕,2017),较少关注民间借贷的价格(徐丽鹤、袁燕,2013),更罕有文献关注零息贷的产生机制(李楠,2016)。在有关社会关系与民间借贷利率关系的研究中,传统信息经济学文献主要集中在社会关系通过降低借贷双方的信息不对称,从而降低民间借贷利率(Stigliz,1990;Varian,1990;Banerjee et al.,1994),但是上述信息摩擦的理论并不能解释利率为何为零。此外,信用市场分割下的利他和互助保险理论(Udry,1994;Kocherlakota,1996;Ray,1998;Dreze et al.,1998;Kimball,1988;Fafchamps,1999;Foster & Rosenzweig,2001)认为,零息贷全部是用于平滑消费的,与用于生产的机构借款是完全分割的两个市场,但是该理论不能解释大量生产型零息贷的存在。而基于土地租佃关系的土地流转零租金(Brandt & Hosios,2010)不足以解释货币型借贷关系中的零息贷。本书开创性地从零息贷合约选择的视角研究社会关系与民间借贷利率。

1.4.3 实践层面

党的十九大提出,决胜全面建成小康社会,必须打赢三大攻坚战,其中一项重要内容是防范化解重大风险,防控金融风险则是其中的重要一环。经济是肌体,金融是血脉,如何让金融更好地为经济高质量发展服务,是值得研究的重要问题。本书旨在运用高质量的数据去探索和发现民间借贷的科学机制,有助于国家金融风险防范和金融服务实体经济战略的实施,不仅有学术价值,也有重要的实践价值。

本书对于中外民间借贷历史的梳理,有助于政策制定者理解我国民间借贷利率演进的时代背景以及发展规律。实际上，无论对学界还是对政策实践，掌握我国民间借贷的利率水平及其变化，一直都是研究我国经济和金融发展的关键性切入点。长期以来，学界和政策制定者在讨论近现代中国农村经济发展的时候，往往强调高利贷对广大农民生产生活的不利影响；在讨论近现代中国产业结构和企业经营发展相关问题时，强调民营企业面临较高的利率(Allen et al.,2005)；在讨论我国近代早期为何没有出现工业革命的问题时，又强调利率较高导致的资本积累困难。本书对于民间借贷产生规律的探讨，有助于政策制定者理解我国经济和金融发展规律，以制定适合我国民间借贷实情的政策。

具体而言，对于政策制定者来说，究竟如何确立民间借贷利率保护上限，是长久以来颇具争议性的话题(Villegas,1989；Cuesta & Sepúlveda,2021)：一方面，民间借贷利率保护上限设置过高无法对借贷者产生足够保护，易带来不良社会问题(Rigbi,2013)；另一方面，保护上限过低则会降低消费者的金融可得性(Benmelech & Moskowitz,2010)。直到今天，我国司法和金融监管部门对于民间借贷的管制仍然突出体现在利率限制上，中国人民银行分别在1991年、2002年、2015年、2020年四次对利率上限设置进行调整。那么民间借贷利率究竟应如何规范？要回答这个问题，首先要解决的是了解我国民间借贷市场的利率分布和影响机制。本书旨在深入剖析我国民间借贷市场利率的区域分布、历史走势及其宏观和微观层面的影响机制。

第 2 章 文献综述

2.1 影响民间借贷利率的宏观因素

关于民间借贷市场的功能,学界已经积累了大量研究成果(张军,1997;陈蔚、巩秀龙,2010;张庆亮、张前程,2010;张海洋,2017)。与本书相关的领域主要是民间借贷利率的形成及其影响因素。本书试图较为完整地梳理国内外现有的研究民间借贷利率影响因素的文献,并将这些文献分门别类进行总结。本书的文献综述部分具有有别于已有文献的两大特点:其一是纳入近年最新的研究文献,提供了一个全面且具有时效价值的文献综述;其二是首次将文献中影响民间借贷利率的因素归结为宏观因素和微观因素,提供了一个更加统一且精炼的分析视角。

2.1.1 正规金融市场

民间借贷利率由成本和需求共同决定。成本因素决定供给曲线,需求因素决定需求曲线,两者共同决定民间借贷市场资金的价格(即利率)。从民间借贷市场的需求角度来看,最主要的文献领域是正规金融市场的发展(抑制)对民间借贷市场需求的替代(溢出)效应。该类文献遵循 McKinnon(1973)和 Shaw(1973)所提出的经典金融抑制理论,认为发展中国家普遍存在的正规金融市场发展不足是民间借贷利率提升的主要原因。正规金融市场对小微企业与农民的金融供给不足,后者的融资需求被释放到民间借贷市场(张军,1997)。大量经典理论文献表明,由于金融抑制导致正规金融市场形成信贷配额,资金需求者被挤出,转而进入民间借贷市场,从而抬高了民间借贷利率(Bell et al.,1997;Hoff & Stiglitz,1998;Carpenter,1999)。通过探究正规金融市场与我国民间借贷市场的互动机制,杨坤等(2015)发现民间借贷规模与正规金融规模之间存在着此消彼长的关系。有学者(潘彬、金雯雯,2017;潘彬等,2017)发现我国货币政策对民间借贷利率的传导是否有效很大程度上取决于民间借贷市场与正规金融市场之间的替代弹性。此外,也有学者聚焦于某区域进行民间借贷利率影响因素的分析①。

从民间借贷市场资金供给方来看,其供给资金与成本有关,成本分为风险成本和机会成本等。风险成本在微观影响因素中给出解释,本节主要阐释机会成本。对于民间借贷市场的资金提供者来说,机会成本则是该资金不用于借贷而用于其他方面,如进行直接生产、消费、投资于正规金融市场等用途上所能获得的最大收益。很多文献表明正规金融的信贷政策对民间借贷利率的影响很大,这是因为正规金融利率的变化会影响民间借贷市场贷款者的货币持有成本(Hoff & Stiglitz,1998;Carpenter,1999)。实证研究发现,正规金融利率与民间借贷利率,二者具有同向性(Bell et al.,1997)。有学者以中国网贷行业的平均利率为主要研究对象,考察网贷行业利率与上海银行间市场同业拆借利率(Shibor)的互动情况(何启志、彭明生,2016)。还有文献发现了某地区的民间借贷利率与正规金融市场利率一致的波动趋势②。

第二类文献是关于正规金融市场上借贷的隐性成本。正规金融市场上资金需求者面临的隐性成本增加了从正规金融机构获得贷款的成本,成为一种变相的金融抑制,催生了民间借贷市场上的需求,进而推高民间借贷市场的资金价格(Beck & Demirguc-Kunt,2006;Ayyagari et al.,2010)。如果考虑到借款人对官员的贿赂成本或者其他寻租成本,正规金融的实际利率与民间借贷利率在均衡时相等(Baydas et al.,1995)。Gupta 和 Chaudhuri(1997)把"贿赂"变量引入正规金融市场与非正规金融市场的均衡模型,证明了寻租成本造成了民间借贷利率远高于正规金融的现象。而且,正规金融市场中的信贷资金有流向非正规金融市场进行套利的特征,举正规金融之名而行非正规金融之实,推高了非正规金融部门的资金价格(Tsai,2004)。国内学者谢平、陆磊(2003)的模型刻画了借款人在民间借贷和正规金融二者中进行成本比较,被动选择寻租行贿的过程,其面临的真实融资成本高于名义贷款利率。

正规金融市场对民间借贷市场的作用还体现在基于社会网络的溢出效应。当正规金融发展时,民间借贷基于社会网络的程度减弱(Heß et al.,

---

① 汪本学等(2008)发现浙江衢州的民间借贷利率高低与正规金融的融资难易成正比;支大林等(2009)认为,正规金融发展不足使得东北农村地区民间借贷利率逐年走高。

② 例如,黄沛光(2006)和揭艳明(2007)分别发现揭阳市和河池市民间借贷利率与当地正规金融市场贷款利率的波动趋势一致。中国人民银行温州市中心支行课题组(2011)的研究发现温州存款准备金率能够解释民间借贷利率12.5%的变化。

2021)。社会网络在民间借贷中扮演了重要角色,当正规金融机构缺乏有效性(Allen et al.,2005;Banerjee & Esther,2007)或者正规金融渠道不可获取(Hoff & Stiglitz,1990;Bell et al.,1997)时,这个角色的作用尤其重要。Banerjee等(2021)的工作论文表明,正规金融市场的扩张改变了人们维持关系或者开发新的社交网络的积极性,该文从理论和实证上同时检验了正规信贷机构如何改变人们的社交网络,发现小额信贷机构的出现削弱了社会关系,且这种效应具有不可逆性,即当小额信贷机构撤出的时候社会关系并没有恢复。更为有趣的是,这种社会连接的削弱具有社群之间的负外部性,未受到小额信贷冲击的群体中也存在社会关系的削弱。

2.1.2 网络借贷等非正规金融市场

信贷的形式分为正规渠道和非正规渠道,正规金融的供给来源于银行、城商行、信用社、小额贷款公司等政府批准设立并进行监管的金融机构,非正规金融的供给来自于亲朋好友的传统民间借贷以及近年来发展起来的网络借贷平台等新型融资模式。那么,个体之间基于社交关系的传统民间借贷,不仅受到正规金融的影响,也会受到非正规金融中其他类别的影响。

从国际比较的视角来看,我国民间借贷的组成和形态与发达国家有较大差异,主要体现在传统民间借贷占广义民间借贷的比例较高。以美国为例,美国广义民间借贷中机构占比较多,而个人之间的传统民间借贷占比较少。这些机构主要包括发薪日贷(payday loan)、汽车产权贷款(auto title loan)、典当行(pawn)。它们的统一特征是都游离在联邦存款保险公司的最后贷款人保护外,为个人和小企业提供另类的信贷服务(alternative financial service)[①]。从这个角度来看,广义民间借贷,一定程度上也对传统民间借贷产生了一定的替代作用。

上述替代作用在我国突出体现在传统民间借贷与网络平台借贷之间,但目前文献中较少讨论这种替代关系,主要讨论的是二者的区别。文献认为,二者的区别主要体现在借贷关系是不是经济学意义上的直接借贷。传统的民间借贷以"关系"作为交易和契约执行的基础,是一种出借人和借款人之间权利义务明确的直接借贷关系(郭峰等,2017)。借助熟人之间的非

---

① 具体参见:https://files.consumerfinance.gov/f/documents/cfpb_consumer-use-of-payday-auto_title-pawn_loans_research-brief_2021-05.pdf。

正式信息,一方面减少了信息不对称的问题,另一方面可以利用熟人圈的声誉机制和信息收集便利,实现对恶意欠债者的天然约束与高效催收。而网络借贷大多数是陌生人之间的交易,是非人格化交易。特别是采用自动化投标模式的平台①将多个借款标的打包在一起,出借人无法看到单个项目的风险度,只能依据对平台本身的风险评估(Jiang et al.,2019)作出借款(投资)决策。出借者无法观测标的资产是否真实发生过违约,因为这些违约可能由平台以风险准备金和债务回购等各种形式弥补。此外,一旦违约发生,出借人也无法进行诉讼或与借款人进行协商。

2.1.3 文化和地理因素(分割性市场)

上述文献从市场性的宏观供给与需求角度对利率作出分析。本节开始,以非市场化因素为视角,探讨影响民间借贷利率的影响因素。首先是地理与文化因素。大量文献表明,民间借贷以血缘、地缘、情缘为基本的纽带,导致民间借贷作用的范围具有分割性,即民间借贷多存在于一定的区域之内。而由于各区域民间借贷市场缺乏信息交流,市场的区域分割导致民间借贷利率呈现出区域性、层次性和分散性的特征(张庆亮、张前程,2010)。林毅夫、孙希芳(2005)发现,同一个地区的民间借贷市场利率相对稳定。

民间借贷市场具有明显的内生性(潘士远、罗德明,2006),是镶嵌于熟人社会网络之上的,各地区不同的经济发展水平、社会习俗和制度环境可能会深刻影响民间借贷市场的运行机制。例如,借贷契约大多遵从地域性的"乡规""乡例""俗例"等文化习俗,并且依赖以血缘和地缘为基础的熟人关系保证契约执行(彭凯翔等,2008)。张博等(2018)研究了方言多样性对民间借贷的影响,发现方言多样性通过地域认同和身份认同以及由此形成的社会资本,影响了区域的民间借贷市场。

在分割性市场中,民间借贷市场存在封闭而又不易冲破的关系交易圈,这使得民间借贷市场具有明显的垄断性:一方面,从需求侧的角度看,这使得借款人难以寻求系统外的贷款;而另一方面,从供给侧的角度看,民间借贷的出资者出于安全性考虑又将贷款对象限定于信息掌握充分的关系客户。王一鸣、李敏波(2005)认同此观点,认为民间借贷市场是非完全竞争性

---

① 2015年12月,《网络借贷信息中介机构业务活动管理暂行办法》(征求意见稿)规定禁止"自动化投标",但是该条款在2016年8月的正式稿中被实质性取消。自动化投标是2016年行业的普遍趋势(郭峰等,2017)。

市场,放贷者和借贷人双方都可以有一定市场势力,民间借贷利率取决于双方谈判能力的大小和弹性。

无独有偶,陈蔚、巩秀龙(2010)也通过设立非正规金融市场利率决定模型,证明了民间借贷市场的分割性和正规金融市场较高的进入成本障碍,导致民间金融机构存在垄断竞争,进而导致非正规金融的利率高于正规金融的利率。一方面,由于民间借贷市场的特殊性造成了该市场的分割,资金提供者可实施借贷资金价格歧视,向对资金需求意愿强烈的企业索取较高的利率;另一方面,资金需求强烈的民营中小企业一般难以从正规金融机构获取信贷资金,只能接受民间借贷市场垄断者的高利率。两者共同作用,造成了民间借贷高利率的广泛存在。

2.1.4 制度因素(利率管制)

在法律上进行利率管制是市场监管最古老的形式之一(Homer & Sylla,2005;Rigbi,2013)。直到今天,设置利率上限仍然是一种被广泛使用的政策工具。根据世界银行的公开统计数据[①],截至 2018 年 8 月,世界上至少有 76 个国家设置了利率上限。设置利率上限的经济体占全球 GDP 的 80%,占全球银行体系总资产的 85%。各国的利率上限的设定范围和设定形式有很大区别。在设定范围上,有些地区对借贷利率的上限设置仅局限于某些特定金融市场;而一些地区对借贷利率上限的设置涉及全部金融市场,广泛利率上限设置可以深刻影响国家整体的宏观经济环境。在设定形式上,有些地区的利率上限与基准利率挂钩[②],而有些地区的利率上限是固定数值[③]。

---

① 具体参见:https://openknowledge.worldbank.org/bitstream/handle/10986/29668/WPS8398.pdf? sequence=1&isAllowed=y。

② 意大利的《高利贷限制法》规定,合同约定的贷款利率不得超过贷款利率阈值,否则利率条款无效并将触发刑事责任。贷款利率阈值以意大利经济和金融部每季度公布的平均市场利率为基础计算得出,其数值为平均市场利率的 1.25 倍再增加 4%,但最高不得超过平均市场利率加 8%。

③ 中国香港地区的《放债人条例》规定了对于过高利率的认定标准(60%)和重新议定交易条件的触发标准(48%)。任何人以超过年息 60% 的实际利率贷出款项或邀约贷出款项,即属犯罪,一经定罪,最高可罚款 500 万港元及监禁十年。关于任何贷款的还款协议或关于任何贷款利息的付息协议,以及就该等协议或贷款而提供的保证,《放债人条例》还规定,对于敲诈性交易,放债人在提起法律程序进行追收时,法庭可以在考虑相关因素后,重新商议该宗交易,以使交易双方获得公平对待,并可为此目的就交易条件或交易双方的权利作出其认为适当的命令,或给予适当的指示。只要任何贷款的实际利率超越年息 48%,即可推定该宗交易为欺诈性交易。

第 2 章 文献综述

利率上限的有效性自古以来便有争议。例如,在中世纪欧洲,宗教教义对借贷利息的收取进行严格管制。《查理曼法典》禁止向任何人发放高利贷,高利贷被定义为"索取超过给予"。基督教的第一次会议引用《圣经·旧约》中有关弟兄之间禁止高利贷的信条[1],禁止宗教徒的有息借贷行为,否则就是违背上帝意旨,死后入地狱。研究表明,基督教对借贷活动的抑制,在实际借贷活动中反而促进了中世纪和文艺复兴时期的金融创新。金融创新主要体现在为规避宗教信条而产生的利率形式创新。最常见的利率创新形式有逾期罚金形式[2]、贸易汇率形式[3]、三重合约股权投资形式[4]。

大量文献利用美国二十世纪八九十年代各州利率上限设置的差异为背景,研究民间借贷利率上限政策的经济意义。这段历史的背景是,伴随着英国对美国的殖民扩张,一开始美国多数州贷款利率上限与英国一致,1916年美国小额贷款经纪人协会起草并开始游说各州通过《统一小额贷款法》。该法案将小额贷款定义为 300 美元或以下的贷款,允许持牌小额贷款机构和个人收取年化 42% 的利率,但不得收取手续费或任何其他附加费用。

文献中利率上限对实际借款利率和还款情况的研究没有定论[5]。有研究显示,《统一小额贷款法》在美国实施后,贷款利率也得到了实质性下降[6]。也有研究对有和没有高利贷上限的州进行比较,发现实际利率没有明显区别:虽然高利贷上限减少了高风险借款人的贷款可得性,但并不会减少低风险借款人的利率成本,因此高利贷管制对实际成交的贷款利率基

---

[1] 《圣经·旧约·申命记》第 23 章 19—20 条,"你借给你弟兄的,或是钱财,或是粮食,无论什么可生利的物,都不可取利。借给外邦人可以取利,只是借给你弟兄不可取利"。而基督教对"弟兄"的解读非常广泛,任何人只要不是敌人,不管是否为基督教徒,在上帝面前都是弟兄。

[2] 逾期罚金处于未被宗教信条禁止的灰色空间地带,可通过设定短于实际借贷期限的约定借款期限,收取逾期罚金的形式获得利息。

[3] 当票据兑换商收到外币票据,会按远期汇率转换后再扣除利息,纸面上仅进行远期汇率换算,实际金额中隐藏应当收取的利息。

[4] 通过同时签订三份合约(匿名合伙经营合约、保险合约、产品销售合约)回避有息借贷条款,本质上是生产型有息借贷条款。这种利率形式引导资金进入产权投资领域,一定程度上鼓励了创业活动。

[5] 早期文献使用州水平的数据(Goudzwaard, 1968; Shay, 1970),后来开始使用借款层面的数据并且假设利率服从截尾正态分布(Greer, 1974, 1975; Villegas, 1982, 1989; Alessie et al., 2005)。

[6] The Future of Small Loan Legislation, The University of Chicago Law Review, December 1944.

本无影响(Villegas,1989)。此外,Rigbi(2013)利用线上借贷平台Prosper的数据以及美国各州分布在6%～36%的利率上限管制差异,使用双重差分法研究了利率上限对借款特征的因果效应。研究发现,利率上限越高,借款者得到贷款的概率越高,但是借款金额和违约风险并没有显著变化。

综合而言,设置利率上限政策本质上是借款者保护与贷款可获得性之间的权衡取舍(Cuesta & Sepúlveda,2021)。从贷款可得性来看,Benmelech和Moskowitz(2010)发现19世纪美国的贷款利率限制降低了该州的借贷活动活跃程度,限制了部分借款者的信贷可得性。受到信贷约束的借款者可能会转而寻求不合法的更高利率的信贷产品,从而陷入财务困境(Rigbi,2013)。相反地,提高利率上限可以提高贷款可得性。秘鲁独立前一直有禁止有息放贷的法律,1833年该国新政府决定废除禁止有息放贷的法律,政府逐渐把月息上限从1%上调至2%,到1838年11月,政府将利率上限完全取消。根据Zegarra(2017)的研究,在废除利率限制之后,秘鲁的利率水平上升了17个百分点;但精英借款占比从40%下降到5%,也就是说借贷金额更多地流向了普通百姓家庭。

从贷款者保护来看,一些研究[1]认为贷款上限是对消费者的保护,主要原因是削弱了借贷双方中资金提供者的市场势力(market power)。此外,贷款上限还可以帮助保护金融素养较低或者受到认知偏差[2]的借款者远离那些在自己支付能力以外的利率[3]。这类研究的研究对象主要是针对金融机构消费信贷产品(信用卡、房贷、车贷)的利率管制。

还有研究发现,各州利率上限制度设置本身就具有内生性。Benmelech和Moskowitz(2010)发现,19世纪美国各州的贷款上限变化遵循一定规律:当市场利率高于贷款利率上限,或者在金融危机期间,贷款利率上限一般会上调,相应的法律惩罚措施严格程度会降低。相反地,当市场利率下降或者危机消除的时候,利率限制会重新严格起来。上述规律在那些受金融危机影响更大的州更加明显。此外,受到资本流动的影响,各州的利率规制还受到相邻州利率规制变化的影响。还有研究表明,一个州越保守,那么它的州政府制定的高利贷上限就越低。保守的州通过制定比较低的高利贷上

---

[1] 参见Brown(1992)、Rougeau(1996)。
[2] 例如,拥有双曲折现效用函数(hyperbolic discounting)的消费者(Laibson,1997)。
[3] 参见Wallace(1976)。

限,使放款人不得不在收益固定的前提下追求尽可能低的风险,因此增加了信用记录良好的借款人的贷款可得性,降低了他们的利率成本。

2.2 影响民间借贷利率的微观因素

2.2.1 风险成本

关于风险成本如何影响民间借贷利率的问题,国内外学术界对此讨论比较充分。从国外的经典文献来看,Bester(1985)从借款者资金用途角度分析,认为民间借贷参与者风险偏好较高,借款者经营项目一般风险较高,因此需要承受较高的资金价格。这个观点也得到 Bouman(1990)的支持,但他所认为的民间借贷风险是源于其未得到官方认可而可能被取缔等制度方面的风险。Aleem(1990)从信息成本角度分析认为,民间借贷市场上存在严重的信息不对称,而信息成本在借贷的总成本中占很大比重,成本增加推高了民间借贷市场的利率。

在关于我国民间借贷研究的文献中,张军(1997)也有类似 Aleem(1990)的观点,认为民间借贷利率是对还贷风险信息不对称的一种反应。李恩平(2002)、张胜林等(2002)也认为,民间借贷在国家法律保护地位不足和民间借贷者自身缺乏抵押品等不利情况下,执行风险成本远高于正规金融市场,民间借贷利率高于正规金融市场利率的部分是风险补偿。也有文献基于清代 1732—1895 年的因借贷纠纷引发的暴力冲突命案事件发现,双方约定的借贷利率越高,资金出借者被走投无路的违约借款者打死的概率越高,一定程度上反映了民间借贷契约执行时可能的暴力冲突成本隐含的风险溢价(陈志武等,2014)。但上述观点受到王一鸣、李敏波(2005)的反驳,这类文献认为,民间借贷存在隐形的契约和社会网络,信贷风险通过社会网络的价值作为抵押而得以降低,社会网络可以有效地降低逆向选择和道德风险等信息不对称问题,从而降低借款人的信贷风险。关于这类文献,将在下节对关系型借贷的探讨中做展开阐述。

风险成本还可以追溯到借款人特征。受限于微观数据可得性,该类文献主要集中于对网络平台借贷利率的探讨。网络平台借贷模式是传统民间借贷的一个延伸(张海洋,2017)。美国网络借贷平台 Prosper 在 2007 年将交易数据向公众开放,为网络借贷平台的学术研究打开了一扇大门(廖理、张伟强,2017)。该网站运营的最初几年采用荷兰式拍卖的方式,确定借款人支付给投资者的利率(Wei,2016)。利用这种机制,学者考察在市场化的利率定价下,借款人的各类信息与支付给投资者的利率之间的关系(Freedman & Jin,2008;Lin et al.,2013)。不同于现有研究主要关注借款人的人口统计学特征(性别、年龄、种族、婚姻、子女等)和经济状况(信用等级、债务收入比、是否拥有住房等)对借款利率的影响,本书使用微观借款层面的数据研究借款用途对借款利率的影响。

2.2.2 社会关系

民间借贷的最普遍的表现形式是个体之间基于社会关系的直接借贷。在发展中国家,社会网络对于借贷行为的影响研究已有较为充分的讨论(Kinnan & Robert,2012;杨汝岱等,2011;胡枫、陈玉宇,2012;马宏、张月君,2019;徐丽鹤、袁燕,2017)。关系型民间借贷在我国具有重要的经济意义(Turvey & Kong,2010;Turvey et al.,2010)。尤其是在农村地区,相关调查研究[①]发现,94%的借款行为发生在亲朋好友之间。研究表明,基于信任的关系型民间借贷是一种根深蒂固的借贷方式,对小额信贷机构等普惠金融甚至具有挤出作用(Turvey et al.,2012)。

除了发展中国家之外,亲友间的直接融资现象在发达国家也较为普遍。例如,2004年和2006年全球企业家调查(Global Entrepreneurship Monitor Survey)显示,60%~85%的非正式投资者将资金投给了他们的亲朋好友创业者(Frederick & Bygrave,2004;Bygrave & Quill,2006)。相关研究表明,亲朋好友之间的非正式融资与正规融资最重要的差别是借贷成本。亲友间的借贷成本较低,一般低于市场利率。在美国,亲友间的低息贷甚至零息贷款现象甚至激发了一场税收争辩,相关学者认为应该对这种低于市场利息的资金转移行为进行征税(Hutton & Tucker,1985)。《华尔街日报》[②]对此的评论是,初出茅庐的创业者最常见的做法就是去"父母的银行"那里获得一笔"梦想成真"的贷款[③],暗指亲友为大部分创业者提供了最初的低成本融资渠道。

早期研究更多地强调亲友间的借贷行为有一定优势。信息经济学理论表明,基于血缘、地缘和业缘关系进行的金融交易有信息优势,认证成本和

---

① 参见何广文(1999)对浙江省、江苏省、河北省、河南省、陕西省21个县365个家庭的问卷调查。
② 具体参见:https://www.wsj.com/articles/BL-HOWTOSBB-22。
③ "Budding entrepreneurs often turn to a lender that provides flexible terms, and offers a dream-come-true interest rate: the Bank of Mom or Dad."

监督成本较低，能够有效降低逆向选择和道德风险问题（Stigliz,1990；Varian,1990；Banerjee et al.,1994）。正是因为这种信息优势的存在，即便在金融市场发达的国家和地区，熟人之间的融资与外部融资往往是共生的（Jain,1999），亲友提供的借款不仅可以通过信号效应帮助企业家进行外部融资（Ghatak,1999），还可以降低外部融资的契约执行成本（Gine,2011）。

但另一方面，亲友间借贷的隐含成本（shadow cost）也是不容忽视的。对于借款者而言，低利息并不代表低成本。对于有资金需求的创业者而言，在存在亲友外部融资渠道的选择时，亲友之间的低利息借贷并非最佳方式（Colins et al.,2010；Guerin et al.,2012），亲友融资与外部融资之间存在"啄序定理"（Peking Order,Lee & Persson,2016）。

隐形成本的第一种表现形式是亲友之间的互惠保险机制被削弱。Lee和Persson（2016）在传统的企业家外部融资道德风险模型（Holmstrom & Tirole,1997）中引入双边利他效用函数（即借贷双方的效用互相进入彼此的效用函数，Becker,1973），认为亲友融资的本质是一种保险产品。在双方存在融资约束的情况下，把这种抵御消费冲击的保险型产品用于创业类的高风险项目是一种缺乏效率的行为。这种家庭融资行为削弱了企业家的风险偏好，不仅导致部分本应该进行融资的净现值大于零的项目被企业家放弃，还限制了企业的融资规模。

隐性成本的第二种表现形式是社会网络破裂。正如很多助力于亲友间借贷的机构①在网页中警告的那样，亲友间的借款要慎重，一旦借款违约，社会网络就会被破坏②。社会关系作为一种抵押品（Karlan et al.,2009），不同于其他物理抵押品可以根据借贷风险和借贷额度的大小灵活调整，其劣势在于不可分割性（Karaivanov & Kessler,2016）。有研究表明，并非所有亲友之间的交易行为都是纯粹的利他行为，更多情况下，亲友之间的交易本质上是一种基于某种双方认可的互惠规则的礼物互换行为，是一种双方动态子博弈精炼均衡（Levine,1998；Ellingsen & Johannesson,2008）。一旦风险项目失败，借款者违约，互惠规则下的均衡状态被打破，无法对出借人的资金进行回馈，借贷双方的关系就会破裂。

---

① Lend Friend, Loan Back, Wiki Loan, Zimple Money, Bainco, Circle Lending, National Family Mortgage.

② "Raising money from friends and family seems attractive: potentially good rates, lenient credit standards. Just make sure to manage the downside, and find any way you can to keep the love and affection firmly separated from the business transactions."

隐性成本的第三种表现形式是永久性社会债务(Lee,2013)。现代法律体系的个人破产清算法构成了一种"有限责任"债务机制,归还借款是一种法律责任,而非社会责任。但是亲友间的借贷违约伴随着带有个人情感色彩的社会责任。社会性债务是否能够事前通过契约来规制？有研究认为该责任之所以在事前具有约束效力,恰恰由于它是一种基于情感的固定规制,如果这种情感是一种可以调节的协商后产物,那么在事前这种情感就无法作为一种还款承诺。因此,社会债务是无法通过借贷合约限制的永久性违约成本(Haselton & Ketelaar,2006)。还有研究表明,这种永久性社会债务一定程度上与借款人的"内疚"心理有关。内疚对借款者的还款选择影响重大,关系型借贷违约产生的内疚感比外部借贷违约带来的内疚感更加强烈(Turvey & Kong,2008;孔荣等,2009)。

基于这些隐形成本,亲友间的融资一般用于风险管理,即用于平滑消费或者保险,而非增大风险敞口(Ambrus et al.,2010)。理论上来讲,亲友借贷的低违约容忍程度同时自然也伴随着风险资本属性。这也一定程度上解释了为何家族企业往往伴随着流动性充足但增长较慢的稳定特性(Bertrand & Schoar,2006；Bertrand et al.,2008)。与之类似的是,小额贷款公司从机制设计上也是希望最小化违约风险(Banerjee & Duflo,2010)。在这种机制设计下,其借款者一般是用于流动性管理等安全性较高的商业用途,有些甚至用于一次性消费等非商业用途(Colins et al.,2010),因此其促进创业企业增长的效力十分有限(Crépon et al.,2015；Banerjee et al.,2015；Banerjee et al.,2020)。

融资渠道改变了微观个体的风险选择,而微观个体的风险选择和风险承担能力进一步影响宏观增长。Allen等(2005)认为在缺乏完善的正规金融体系的情况下,中国的经济增长很大程度上来自私营部门和非正规金融市场的借贷活动。然而,Ayyagari等(2010)通过对2400家中国企业调查的数据和因果关系检验发现,经济增长集中在少数使用银行融资的公司中,强调了融资渠道对增长的重要作用。该发现排除了内生性问题——更有前途和规模更大的公司可能有更好的获得银行融资的机会。

2.2.3 社会关系与零息贷合约

上述文献探讨了关系型借贷和外部融资之间的差异。本部分介绍的文献探讨关系型借贷中的零息贷和有息贷选择问题。零息贷(zero-interest rate,ZIR)顾名思义,是一种利率为零的借贷条约,其与有息贷[①](positive interest rate,PIR)有本质区别。从资金需求方来说,相同数额的 PIR 和 ZIR 带来的收益是一样的,主要区别在于成本端:若借一笔 PIR,资金需求者需要归还本金和利息;若借一笔 ZIR,资金需求者需要归还本金和额外的隐形好处。这里额外的隐形好处是必要的,因为从资金提供方的角度来说,如果 ZIR 没有任何额外的其他收益,他在任何条件下都会偏好 PIR 而非 ZIR(Brandt & Hosios,2010)。

ZIR 普遍且广泛地出现在我国历史和现实社会中,特别是在乡村社会借贷行为中具有重要地位。《农村实态调查报告》记载 20 世纪 30 年代伪满洲国超过半数的农村民间借贷合约为无息借贷合约;而北京大学—花旗银行农村金融调查也显示近 40% 的民间借贷为 ZIR(董志勇,2011)。2000—2003 年的调查结果中(霍学喜、屈小博,2005),西部传统农业区域农村民间借贷的高息借贷现象并不严重,调查中 ZIR 占比高达 92%,且在仅有的 8% 的 PIR 借款中,低息借款为 9 笔,占 40%。调查研究发现,民间借贷导致的经济纠纷也很少,即以农户经济为基础的民间借贷不存在危害农村社会稳定的问题。

然而,实证调查中普遍存在的 ZIR 现象并没有受到学术界足够的关注。早期文献默认 ZIR 和 PIR 出现在不同的信贷市场,且未有文献考虑同一个信贷市场中借贷双方能够做 ZIR-PIR 合约选择的情况。Dreze 等(1998)认为 ZIR 是亲友之间用于平滑消费的借贷,建立在感情基础上,借贷一般不用支付货币化利息,并不是纯粹的信贷措施;而 PIR 是个体为了投资或者生产,从信用社、小贷公司或者职业放贷人处获得的信贷。

经典文献表明,ZIR 实质上是一种非正式的保险制度(Kimball,1988;Coate & Martin,1993;Udry,1994;Kocherlakota,1996;Ray,1998;Fafchamps,1999;Foster & Rosenzweig,2001),是家庭之间风险共担(risk pooling)的手段,在一定的条件下起到了风险共享(risk sharing)的作用。Ligon 等(2002)发现,由于有限承诺(limited commitment)的存在,这种保险机制并不能带来完全风险共享(complete risk sharing)。这些文献并没有将利息和期限等合约条款的选择纳入借贷双方的重复博弈模型。Fafchamps(1999)甚至认为,给定当期和过去的收入状况,家庭的未来消费与利息无关,因此家庭在考虑是否进行贷款时并不关心利率。

---

① 下文中,"有息贷"与"非零息贷"交替使用,不作区分。

尽管信用市场分割理论的研究对 ZIR 存在的合理性给出了理论解释，但是在实证上却出现了上述理论并不能完全解释的现象。Brandt 和 Hosios(2010)根据我国 20 世纪 30 年代的民间借贷调查数据发现，无论借款用途如何，均有不同比例的 PIR 和 ZIR 合约存在，也就是说 PIR 不只存在于生产用途，而 ZIR 也不只存在于消费用途。这个发现与早期文献中所描述的金融市场分割理论并不一致。

除了市场分割理论，Dreze 等(1998)甚至认为 ZIR 是一种纯粹的非市场化的利他行为，ZIR 渐渐被 PIR 所取代代表了私人关系的恶化[①]。这种纯粹的利他行为观点受到 Brandt 和 Hosios(2010)的反驳，该文的实证结果表明资金提供方签订 ZIR 合约并非一种纯粹的利他行为，而是经过成本收益分析的理性选择。ZIR 和 PIR 的区别在于利息的表现形式不同。ZIR 的利息是一种隐性利息，而 PIR 的利息是一种显性利息。隐性利息的表现形式多种多样，如承诺未来在劳务或经济上帮助贷款人，具体形式取决于借贷双方所在地的社会习俗和文化传统(Ghate,1992；Brandt & Hosios, 2010)。那么接下来的关键问题是，究竟是什么因素促使借贷双方在隐性和显性利息之间作出选择呢？

Brandt 和 Hosios(2010)认为主要因素有：(1)借贷双方当前的借贷需求和出借资金的成本；(2)借贷双方未来的交易需求和成本；(3)验证借款者激励遵守 ZIR 合约的成本；(4)出借方的未来资金使用机会成本。该文认为，借贷双方所处的特定时间、地点下的合同执行效力并不是主要的解释因素，即便没有执行效力，借贷双方无论选择 ZIR 还是 PIR 都需要考虑激励相容，即资金需求者在缺乏司法强制执行力的情况下也有还款意愿。但李楠(2016)则认为，合约执行风险程度可以用借款金额、借贷期限、是否有抵押等变量进行衡量。而合约执行风险程度低往往伴随着小额、短期以及有土地抵押的特点。具体来讲，借款数量每增加 1%，借贷双方签订 ZIR 合约的概率下降 6.7%；借款时间每增加 1 个月，双方签订 ZIR 合约的概率下降 1.1%；抵押物的存在使得签订 ZIR 合约的概率上升 31.2%。

还有研究表明，ZIR 合约选择因素还与借贷双方所在地区的金融经济发展程度有关。Brandt 和 Hosios(2010)利用伪满洲国农业调查数据进行

[①] The long-run decline of interest-free loans among households and replacement by positive-interest loans have been interpreted as "a manifestation of the displacement of personalized relationships by market transactions"(Dreze et al.,1998,p.542)。

分析,遗憾的是仅采用第二次"南满地区"的调查数据,忽略了东北地区因空间地理结构和产业结构差异而造成的 ZIR 发生的空间差异现象。李楠(2016)以 20 世纪 30 年代东北地区农民的入户调查数据为样本,发现若将当时的东北地区按照日俄战争后日本与俄国实际控制地区划分为"北满"和"南满",开发较晚的"北满地区"无息贷比重远远低于开发程度较高的"南满地区"。"北满地区"无息贷比重仅占 10.2%,而"南满地区"的无息贷比重占 36.4%。控制其他因素的回归结果表明,如果一个人生活在"北满地区",那么他选择无息贷合约的概率将下降 53%。研究认为,这种无息贷发生的空间差异现象背后是空间地理结构和产业结构差异。造成这一结果的原因很可能是"南满地区"商业化水平比"北满地区"高,以及"北满地区"开发较晚且农业发达、工业滞后。

此外,ZIR 合约往往伴随着农业生产中广泛存在的要素市场连锁合约(linkage contract)。李楠(2016)在调查样本中还有一个有趣的发现,借贷关系往往伴随着土地租佃合约或劳动力合约的附加条约。这种连锁合约现象意味着,市场之间的相互关联性可能会影响借贷市场的相对价格,从而改变借贷市场的交换条件。调查数据结果表明,如果在签订借贷契约之前借贷双方已经拥有一定的土地租佃或者劳动力雇佣关系,那么土地租佃或劳动力雇佣一方有 38% 的概率更可能为租入土地或提供劳动力的一方提供无息贷。提供无息贷行为背后有理性动机:一方面,已经签订土地租佃或劳动力雇佣合约的农户可以被借款人更好地监督,从而有效防范借贷风险;另一方面,在生产和借贷过程中,双方的激励更加一致,使得生产合约(土地合约或者劳动力合约)能够得到履行。

2.3　现有文献述评

2.3.1　数据层面

现有文献对我国当代民间借贷利率及其发展的分析较少。一方面,对民间借贷利率的发展阶段、形态、功能以及内在机制的探讨,目前尚未有文献涉足。已有文献大多以描述为主,包括各种调查报告、资料汇编(彭凯翔等,2008),其中跨度最长且涉及面最广的是陈志武等(2016)的研究,通过对利率史数据库的统计分析初步探讨清初至 20 世纪前期利率的空间分布和长期趋势。另一方面,现有关于民间借贷利率的研究主要集中在农村的民间借贷,伴随着我国城镇化的发展,大量民间借贷实际上发生在城市,甚至是经济较为发达的地区,本书开创性地在全国范围内研究当代中国民间借贷利率的分布及其影响因素。

本书通过建立民间借贷大数据库,填补了我国当代传统民间借贷利率数据的空白,通过借款契约层面的丰富变量分析真实存在的民间借贷。以借款层面的微观数据为基础研究民间借贷,对利率、本金、借款时间和地区等因素进行详细的统计分析。正如前文所述,基于契约层面的民间借贷微观研究是极为匮乏的,目前仅有两类民间借贷微观层面研究,一类是陈志武等(2014;2016;2018)基于史料对清代借款契约文书进行的借款层面的微观描述;另一类是民国"满铁"时期的调查数据(Brandt & Hosios,2004;2010)。本书扩展了关于借款契约层面的民间借贷实证研究。

本书还拓展了另类数据使用场景。另类数据作为非传统来源的新型数据,具有连续性高和真实性强的特点,在投资研究场景中已有广泛应用。本书将另类数据的应用场景拓展到地方民间借贷市场分析。以往对民间借贷市场的研究局限于案例分析或是温州等特定地区的局部分析,缺乏全国性大样本实证数据。2013年以来,我国在司法信息公开和电子政务建设方面取得重大进展,为民间借贷的研究提供了新的可能性,使用司法文书信息相比传统的史料研究具有一定优势[①]。本书开创性地利用公开的司法判决书对民间借贷市场的价格及其形成因素进行深入分析。该方法作为另类数据应用的拓展,克服了传统方法采集民间借贷数据不连续、不全面、不真实的问题,具有全面性和真实性的特点。

从连续性和全面性来看,本书的样本数据覆盖全国321个地级行政区,样本时间为2000—2018年,填补了现有官方披露民间利率数据仅覆盖部分地区这一数据的空白(中国人民银行温州支行自2003年开始展开民间利率监测工作,但样本范围仅局限于温州,不足以反映全国其他地区的民间利率水平)。从真实性来看,官方对民间利率的监测普遍使用的抽样调查方式,可能出现调查对象瞒报和错报的情况,使用大数据分析真实存在的民间借贷案例,提高了样本的真实性和可靠性。

[①] 例如,林展等(2016)利用1766—1775年(乾隆中期)、1836—1845年(道光中后期)20年间12 163件刑科题本债务命案,考察了以命案结束的借贷交易在契约订立和执行方面的特征。对于借贷双方对于约定利率的说法不一致的情况,取两者平均值。本书使用司法文书的优势在于通过"事实认定"段落对利率进行识别,对于约定利率的识别更加准确,具有一定优势。

2.3.2 理论层面

现有文献多忽略地区之间均衡利率的差异和变化。文献中关于正规金融市场与民间借贷的关系存在争议,例如,Liao 等(2017)认为二者之间是互补关系,Wolfe 等(2017)和 Tang(2019)认为二者是替代关系。但是上述文献在探究二者关系的时候都假设民间借贷的均衡利率是不变的,即民间借贷市场的供给是完全弹性的,并基于这个假设,观察借款人质量的变化从而检验两个市场借款人质量分布的差异。同时,本书考察了民间借贷市场的供给和需求,从地方均衡利率的角度对正规金融市场和民间借贷关系作出分析。

现有文献更多关注非正规金融与正规金融的关系,没有考虑非正规金融内部的关系。具体来说,大多文献将非正规金融机构直接等同于非正规金融,忽略了自然人之间的直接借贷市场。忽略非正规金融机构与传统私人借贷之间的差异及其互动关系,这种做法虽然在理论上易于理解,但是往往导致相关文献在进行关于非正规金融与经济增长或者收入分配的关系的探讨时,得出的结论存在一定偏差(张博、胡金焱,2014;王擎、田娇,2014;廖冠民、宋蕾蕾,2020)。本书考察非正规金融下非正规金融机构与传统民间借贷之间的关系,填补了此类文献的空白。

现有文献对于网贷平台的探讨,多集中在网贷平台本身(廖理、张伟强,2017),忽略了网贷平台的溢出效应。现有关于网贷平台的文献主要集中在两个研究领域:一是出借人的行为研究(廖理等,2014c;2015b;2015c;2018),二是针对借款人的信息识别研究(廖理等,2014b;2015a)。本书拓展了网贷平台相关研究,研究网贷平台行业在兴起、发展与规范过程中对传统私人借贷市场的影响,使得网贷平台相关研究更加完整和全面。

现有文献无法解释我国当前存在的大量零息贷:基于土地租佃关系的土地流转零租金不能解释货币型借贷关系中的零息贷(Brandt & Hosios,2010);传统信息经济学文献只能解释低利率,但并不能解释民间借贷利率为何为零(Stiglitz,1990;Varian,1990;Banerjee et al.,1994);信用市场分割下的利他和互助保险理论(Udry,1994;Kocherlakota,1996;Ray,1998;Dreze et al.,1998;Kimball,1988;Fafchamps,1999;Foster & Rosenzweig,2001)不能解释生产型零息贷。样本中大量零息贷的存在,其背后的机制到底是什么?本书开创性地从社会关系的视角研究零息贷。

第 3 章　数据和描述性统计

3.1　数据来源

　　本书界定民间借贷为狭义范畴内的民间借贷。狭义民间借贷仅指**自然人之间基于社会关系进行的合法资金融通行为**。而广义的民间借贷,是指未向社会公开宣传,在特定对象之间展开的,自然人、法人和非法人组织之间进行资金融通的合法行为。既包含了自然人之间基于社会关系的传统私人借贷,又包括了自然人之间基于网络平台的借贷;既包含了自然人与企业之间以及企业之间的融资行为,又包含了互助性民间组织内发生的借贷行为。

　　本书使用的民间借贷数据来源主要为中国裁判文书网[①]。2013 年 7 月,《最高人民法院裁判文书上网公布暂行办法》正式实施。依据该办法,除法律规定的特殊情形外,最高人民法院发生法律效力的判决书、裁定书、决定书一般均应在互联网公布。2014 年 1 月,《最高人民法院关于人民法院在互联网公布裁判文书的规定》正式实施。明确规定:"人民法院在互联网公布裁判文书,应当依法、全面、及时、规范。""中国裁判文书网是全国法院公布裁判文书的统一平台。"中西部地区基层人民法院在互联网公布裁判文书的时间进度由高级人民法院决定,并报最高人民法院备案。

　　截至 2019 年年底,中国裁判文书网[②]已披露超过 10 000 万份裁判文书,其中民事文书 6300 万份。根据《人民法院报》2020 年 9 月的报告,无论从文书数量还是访问数量来看,中国裁判文书网都是全球最大的法律文书网站(截至 2019 年)。

　　本书在民事文书中选取裁判日期在 2014 年 1 月至 2018 年 9 月[③]涉及

---

　　① 网站地址:https://wenshu.court.gov.cn。
　　② 参见:https://www.chinacourt.org/article/detail/2020/09/id/5442934.shtml。
　　③ 选择 2014 年 1 月作为起点,是因为从该月份开始中国裁判文书网上公开的文书数量足够有代表性;选择样本数据截止到 2018 年 9 月与获取数据时点有关,后续数据在获取数据时点还未公开。

"民间借贷①纠纷"的一审判决书,共计 276.3 万份,将其作为主要分析样本。此外,本书还获取了全部一审判决书对应的二审上诉判决书(若存在二审判决书)。

需要说明的是,本书的分析对象是合法的民间借贷行为。由于民间借贷有可能涉及刑事犯罪,在这种情况下,根据"先刑后民"的原则,法院审理过程中发现当事人有涉嫌犯罪的嫌疑往往会以"先刑后民"原则直接裁定"驳回起诉"②。因此,涉及刑事犯罪的民间借贷事件③不会出现在民事诉讼中。本书还获取了同时期刑事案件中可能涉及民间借贷的判决书,具体案由和样本量分别是:非法吸收公众存款罪(34 646 份)、集资诈骗罪(8495 份)、高利转贷罪(180 份)。

3.2 数据描述

最终进入分析样本的 276.3 万份民间借贷纠纷一审判决书满足以下条件:(1)正文不缺失;(2)文书之间不存在重复;(3)由常规基层法院④审理(即剔除铁路、海事、知识产权法院以及林区、农垦法院);(4)审理程序为"一审";(5)单一案由,案由为"民间借贷纠纷"(剔除多案由的文书);(6)原被告信息均可识别,且原告一定不是银行;(7)裁判日期在 2014 年 1 月至 2018 年 9 月之间。

本书使用的样本分布范围较为广泛,分布在全国(除港、澳、台地区外)

---

① 最高人民法院民间借贷的司法界定是除以贷款业务为业的金融机构以外的其他民事主体之间订立的,以资金出借及本金、利息返还为主要权利义务内容的民事法律行为。属广义民间借贷范畴。

② 《民间借贷纠纷涉嫌刑事犯罪的边界和规制——以违法二次性理论为视角》,具体参见:https://file.chinacourt.org/f.php?id=3a6ed58c0219e08e&class=enclosure.

③ 民间借贷行为可能涉及刑事犯罪的情形主要包括以下六种:以非法占有为目的的套路贷,涉及"诈骗罪";同一出借人多次反复从事有偿民间借贷行为,涉及"非法经营罪";未经批准向社会公开宣传吸收资金扰乱国家金融秩序,涉及"非法吸收公众存款罪"或"集资诈骗罪";套取金融机构的信贷资金转贷牟利,涉及"高利转贷罪";恶意串通或单独伪造证据,涉及"虚假诉讼罪";借贷合法但讨债行为非法,涉及罪名包括"寻衅滋事罪""非法拘禁罪""非法侵入住宅罪"等。具体参见:https://www.spp.gov.cn/spp/llyj/202109/t20210901_528186.shtml.

④ 基层人民法院是我国法院系统中最基层的单位,与我国基层行政辖区相一致。基层人民法院根据地区人口和案件情况设置人民法庭。民间借贷纠纷的当事人可直接向派出法庭提出诉讼,人民法庭是基层人民法院的派出机构,主要设置在农村或者城乡接合部,以基层人民法院的名义发布和裁定。

范围内 31 个省级行政区(省、直辖市、自治区)、321 个地级行政区(地区、盟、自治州、地级市)和 2774 个县级行政区(县、自治县、旗、自治旗、县级市、市辖区、林区、特区)。据民政部统计,我国 2020 年年底共有 34 个省级行政区、333 个地级行政区和 2847 个县级行政区,可见司法文书样本覆盖范围之广[①]。

表 3-1 按照所在省级行政区划进行分类统计,并按照观测值从多到少进行排序。观测量最多的六个省份依次是浙江省、江苏省、福建省、河南省、山东省、广东省[②];观测量最少的六个省份依次是西藏自治区、海南省、青海省、新疆维吾尔自治区、天津市、宁夏回族自治区。样本分布具有较强的代表性,北京大学发布的《全国法院审理民间借贷纠纷案件专题分析报告》显示,浙江省民间借贷案件数量 2012—2016 年持续位居全国第一,而人口比浙江多的河南省的民间借贷案件数量仅为浙江省的 1/3,这与本书的样本分布相符。该报告指出,这主要由于浙江省中小型民营企业较为活跃,对民间借贷的需求较高,民间借贷的供给也较为充足,民间借贷活动极为普遍。

表 3-1 样本所在 31 个省(自治区、直辖市)观测值

法院所在省 (自治区、直辖市)	观测值	法院所在省 (自治区、直辖市)	观测值
浙江省	397 178	河北省	93 783
江苏省	264 701	江西省	87 458
福建省	208 469	重庆市	77 991
河南省	204 206	陕西省	69 966
山东省	159 210	湖北省	69 126
广东省	151 561	黑龙江省	64 899
安徽省	127 387	辽宁省	64 838
内蒙古自治区	105 975	广西壮族自治区	62 685
湖南省	100 811	吉林省	55 810
四川省	94 793	北京市	44 499

[①] 在我国 333 个地级行政区中,除云南省西双版纳州、湖北省襄阳市、神农架林区、天门市、潜江市、仙桃市、新疆维吾尔自治区博尔塔拉蒙古自治州、克孜勒苏柯尔克孜自治州、巴音郭楞蒙古自治州、吉林省松源市、安徽省巢湖市、山东省莱芜市,由于行政区划历史上存在变化没有匹配之外,其余地级市均有观测值。

[②] 广东省是全国经济规模最大、常住人口最多的省级行政单位。

续表

法院所在省 (自治区、直辖市)	观测值	法院所在省 (自治区、直辖市)	观测值
上海市	40 760	天津市	19 574
云南省	37 892	新疆维吾尔自治区	17 809
甘肃省	37 198	青海省	2879
贵州省	37 000	海南省	2213
山西省	36 023	西藏自治区	738
宁夏回族自治区	25 297		
总量			2 762 729

3.2.1 变量定义

对276.3万份涉及民间借贷的民事判决文书使用自然语言进行文本处理,从每份判决书中提取出民间借贷的借款层面变量数据。图3-1展示了一份文书的变量提取案例。具体识别的变量数据主要包括以下八个维度:(1)时间维度;(2)地点维度;(3)借贷双方属性维度;(4)借贷双方关系维度;(5)借款用途维度;(6)借款契约信息维度;(7)司法文书文本信息其他维度;(8)二审信息维度。

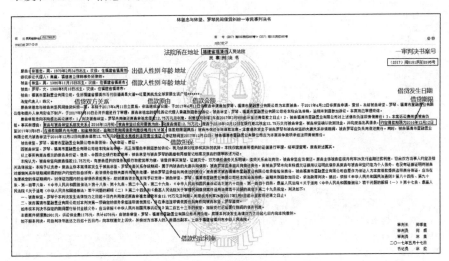

图 3-1　一份民间借贷纠纷的判决文书样本案例

变量名称和变量定义列示在表 3-2 和表 3-3 中。对于(3)(4)(5)中涉及借款描述维度的变量,识别规则如下:先按照一定规则进行段落提取[1],再对段落内容进行文本识别。当某一变量的"事实认定"段落与"原告诉称"段落不符合时,遵从"事实认定"段落优先于"原告诉称"段落的规则。

表 3-2 展示了前五个维度的变量名称及其定义。从时间维度[2]来看,本书主要使用的变量是借款时间($date\_loan$)和判决时间($date\_judge$)。

表 3-2 变量名称及其定义(1)

变量名称	变量名称定义
时间维度	
$date\_loan$	借款发生的时间
$date\_judge$	判决发生的时间
地点维度	
$same\_city$	借贷双方是否在同一城市(是=1)
$same\_province$	借贷双方是否在同一省份(是=1)
$distance\_km$	借贷双方所在城市距离(千米数)
借贷双方属性维度	
$peer$	借贷双方是否均为个人(是=1)
age_lender	出借方的年龄
$age\_borrower$	借款方的年龄
sex_lender	出借方的性别(男=1)
$sex\_borrower$	借款方的性别(男=1)
借贷双方关系维度	
$relationship\_kin$	借贷双方是否有血缘关系(是=1)
$relationship\_friend$	借贷双方是朋友/有共同朋友(是=1)
$relationship\_work$	借贷双方是否有业缘关系(是=1)
$relationship\_neighbor$	借贷双方是否有地缘关系(是=1)
$relationship\_past$	借贷双方过去是否有关系(是=1)
$platform$	借贷平台借款(是=1)

---

[1] 不同地方法院对于原告诉称和事实认定段落的叙述方式不同,大多数法院的对于原告诉称内容的表述方式是段落起于"原告×××向本院提出诉讼请求";对于事实认定内容的表述方式是段落起于"本院经审理××事实如下"。本书通过随机提取样本反复校验,确认段落识别准确率在 96% 以上。

[2] 除借款时间和判决时间外,第 6 章还使用了违约时间和上诉时间等具体时点,后者在第 6 章做具体定义。

第 3 章　数据和描述性统计　　31

续表

变 量 名 称	变量名称定义
借款用途维度	
$reason\_debt$	是否用于还款(是＝1)
$reason\_improve$	是否用于改善生活(是＝1)
$reason\_liquidity$	是否用于维持生活(是＝1)
$reason\_sick$	是否用于治病(是＝1)
$reason\_wed$	是否用于结婚(是＝1)
CON	是否用于消费(是＝1)

从地点维度来看,除了法院所在地址以外,文书中还包括了借贷双方的所在地址[1]:若主体是个人,为常住地址;若主体是法人,则地址为法人机构注册地。若借贷双方的地址位于同一地级行政区,则定义为同城借贷($same\_city$);若借贷双方的地址位于同一省级行政区,则定义为同省借贷($same\_province$)。借贷双方距离定义为所在城市之间的通行距离($distance\_km$),单位是千米,若借贷双方在同一城市,则该距离为零。

从借贷双方的个体属性来看,若个体是公司制企业[2],使用道口金科基础大数据库[3]匹配公司所在行业,这部分内容在描述性统计 3.3.3 节中展示。若借贷双方均为自然人属性,则定义为自然人或个人之间的借贷($peer$,下文对自然人、个人和私人之间的借贷不作区分)。对以自然人为借贷主体的样本[4]可识别借贷双方的性别($sex\_borrower$、sex_lender)和年龄[5]($age\_borrower$、age_lender)。

从借款用途来看,总体分为生产类和消费类,定义消费类虚拟变量

---

[1]　根据《中华人民共和国民事诉讼法》第 23 条,民间借贷纠纷属于合同纠纷,按合同纠纷提起诉讼管辖规定,由被告住所地或者合同履行地人民法院管辖。两个以上人民法院都有管辖权的,原告可以向其中一个人民法院起诉,原告向两个以上有管辖权的人民法院起诉的,由最先立案的人民法院管辖。在实际诉讼中,法院所在地多为被告住所地。《中华人民共和国民事诉讼法》第 21 条、第 3 条和第 4 条对住所地的定义进行了详细规范,本书对住所地和户籍所在地不作具体区分。

[2]　其他可能的法人类型还包括检察院、行政机构、村委会、居委会、学校、非公司之小微企业。由于其他法人类型的样本量有限,代表性不强,本书仅对自然人和公司制法人做识别处理。

[3]　该数据库可覆盖全国 2 亿余家企业及其行业分类,具体参见: https://www.daokoujinke.com/index。

[4]　若存在多名借款者或者出借者,取一位借款者和出借者的性别和年龄。

[5]　年龄的定义是借款日期时点所对应的个体的年龄。

(CON)。生产类又可以分为商业经营类[①]和种植养殖类[②]。消费类可以进一步分为改善型消费[③]($reason\_improve$)、维持型消费[④]($reason\_liquidity$)、还款[⑤]($reason\_debt$)、治病($reason\_sick$)、结婚($reason\_wed$)。

从借贷双方关系来看,可以分为血缘关系[⑥]($relationship\_kin$)、业缘关系[⑦]($relationship\_work$)、地缘关系[⑧]($relationship\_neighbor$)、过去关系[⑨]($relationship\_past$)、朋友关系[⑩]($relationship\_friend$)。需要说明的是,这些关系可能并不是完全相互排斥的,本书按照文献中对于亲密关系的不同定义,结合文书的实际情况,给出尽可能详细且有经济含义的分类。除此以外,借贷双方通过网络平台借款定义为平台借款($platform$)。

表3-3展示了后三个维度的变量名称及其定义。借款契约[⑪]维度变量包括利率、额度、期限和担保变量。其中,约定借款利率(r)是以百分数形式表示的年化利率(若只提及月利率,则经计算转化为年化利率;若未提及约定利率,则记为0)[⑫]。利率变量是本书核心研究变量,本书在约定借款利率变量的基础上生成不同的虚拟变量指标,从不同维度来对利率进行描述

[①] 商业经营类识别方式包含"生意/经商/营商/周转/业务/工程/业务发展/投资/建厂/开厂/办厂/进货/公司/开矿/收购/工地/生产/开店/开发房地产/买卖/原材料/挖掘机/创业/房地产开发/开饭店/买材料/工资/机器/设备/工厂"。

[②] 种植养殖类包含"种植/养殖/养/种/化肥/饲料"。

[③] 改善型消费包括"购/买/盖/建""楼房/商品房";"购/买""汽车/车";"装修"。

[④] 维持型消费包括"急用/急需/急用""钱/款";"临时";"急事";"经济困难";"买粮食";"拮据";"紧张""家用";"过年";"家庭"。

[⑤] 还款包括"还款/还贷""归还""偿还""债/信用卡/网贷"。

[⑥] 血缘关系包括"亲属/亲戚/兄弟/兄妹/姐弟/姐妹/父子/父女/母子/母女/甥舅/祖孙"。

[⑦] 业缘关系包括"同事"。

[⑧] 地缘关系包括"邻居/村民/同村"。

[⑨] 过去关系包括"同乡/老乡/同学/战友"。

[⑩] 朋友关系包括"朋友/好友/老友/哥们/姐们/有共同朋友/经朋友介绍/通过朋友"。

[⑪] 根据《中华人民共和国合同法》第197条规定,民间借贷合同一般包括以下条款:(1)借款种类和币种;(2)借款用途;(3)借款数额;(4)借款利率;(5)借款期限。除上述条款外,借贷双方当事人还可以约定担保条款。但是并非所有条款都是合同必须具备的,一般来说除借款数额外,当事人对于其他条款都可以根据自身需要决定是否在借款合同中约定,借款合同中是否包含非必备条款不影响合同成立。

[⑫] 仅指借贷双方在借款日期约定的借款期间年化利率,不是逾期利率,也不是法院最终的判决利率和判决逾期利率。对于后三个利率本书也依次予以识别,但是由于与本书的研究内容无关,故没有予以展示。

统计：年化百分利率是否大于 0，若利率为 0 则定义为零息贷[①]（ZIR）；非零息贷借款利率（PIR）、非零息贷的年化利率是否大于 12%（PIR_12）、是否大于 24%（PIR_24）、是否大于 36%[②]（PIR_36）。

表 3-3　变量名称及其定义（2）

变 量 名 称	变量名称定义
借款契约信息维度	
r	约定借款利率（%）
ZIR	是否为零息贷（是=1）
PIR	非零息贷的年化利率（%）
PIR_12	约定利率是否大于 12%（是=1）
PIR_24	约定利率是否大于 24%（是=1）
PIR_36	约定利率是否大于 36%（是=1）
$amount$	借款金额（万元）
$term$	借款期限（天）
$term\_openend$	是否开放契约（是=1）
$collateral$	是否有担保（是=1）
$collateral\_person$	是否有保证人（是=1）
$collateral\_mortgage$	是否有抵押物（是=1）
$collateral\_pledge$	是否有质押物（是=1）
司法文书文本信息其他维度	
$n\_borrower$	借款人数量
n_lender	出借人数量
$complex$	裁判过程依照的法条数量
$length\_fact$	事实认定段落总字数
$length\_claim$	原告诉称段落总字数
$simple$	是否简易审理流程（是=1）
fee_lender	诉讼费是否由出借人承担（是=1）

[①] 民间借贷自然人之间借贷利息的认定标准：根据《中华人民共和国合同法》第 211 条规定，自然人之间的借款合同对支付利息没有约定或者约定不明确的，视为不支付利息。根据《最高人民法院关于审理民间借贷案件适用法律若干问题的规定》第 24 条规定，借贷双方没有约定利息，出借人主张支付利息的，人民法院不予支持。根据《中华人民共和国民法典》第 680 条规定，借款合同对支付利息没有约定的，视为没有利息。

[②] 借款合同中约定利率标准超过最高上限，对于超过的高息部分作无效处理，但并不影响借款合同本身的效力。根据《中华人民共和国合同法》第 56 条规定，合同部分无效，不影响其他部分效力的，其他部分仍然有效。依照此规定，民间借贷合同中部分内容无效的，只能对该无效部分作出无效处理，而不影响有效部分的效力。

续表

变 量 名 称	变量名称定义
二审信息维度	
appeal	是否上诉(上诉=1)
appellant_borrower	是否借款人上诉(是=1)
appeal_affirm	二审是否维持原判(是=1)

借款金额(*amount*)指借贷双方在借款日期约定的借款数额①,币种是人民币,单位是万元。借款期限(*term*)指借贷双方约定的借款期限②,单位是天③;除了期限长度以外,是否约定期限本身也具有经济学含义(Brandt & Hosios,2004;2010),定义虚拟变量开放契约(*term_openend*)为未约定期限的借款。借款担保虚拟变量(*collateral*)是指借贷双方在借贷发生之前是否约定抵押。抵押通常有三种形式:保证人④(*collateral_person*)、抵押物(*collateral_mortgage*)、质押物(*collateral_pledge*)。抵押物和质押物的区别主要在于出借资金时的产权归属⑤。

司法文书文本信息其他维度和二审信息维度的变量主要作为控制变量出现。此外,在稳健性检验中为了剔除某些特殊情形,也会使用这些变

---

① 这里约定借款额度,区别于裁判结果中的判决应偿金额。一般来说,应偿金额等于借款金额,但二者可能不同。一般来说,在以下两种情况下二者不相等:(1)借贷双方之间存在多笔借贷情况,经过对账结算一并起诉,这种情况下,判决金额大于借款金额;(2)部分借款金额有砍头息,实际转账金额小于合同借款金额,这种情况下,判决金额小于借款金额。本书对判决金额也予以识别,发现判决金额大于借款金额的情况较多,说明存在多笔借贷的情况较多。判决金额与本书的研究内容无关,故没有予以展示。

② 存在两种识别期限的方式:(1)明确提及借款时间长度;(2)明确提及借款起止时间。对上述两种情况均作识别。对于没有约定期限的借款,定义借款期限为缺失值。

③ 已将其他时间单位(周、月、年等)换算为天数单位。

④ 《中华人民共和国担保法》第6条规定:本法所称保证,是指保证人和债权人约定,当债务人不履行债务时,保证人按照约定履行债务或者承担责任的行为。《中华人民共和国担保法》第7条规定,具有代为清偿债务能力的法人、其他组织或者公民,可以作保证人。

⑤ 质押和抵押的核心区别在于,财产权是否已经交由出借人占有。根据《中华人民共和国物权法》第208条,质押担保是指债务人为担保债务的履行,将其动产或者财产权利交给债权人占有或者办理登记,在债务人不履行到期债务或者发生当事人约定的实现质权的情况下,债权人有权就该动产或者财产权利优先受偿的一种担保方式。抵押担保是指债务人不转移对财产的占有,在债务人不履行债务时,债权人有权依照法律规定以该财产折价或者拍卖、变卖该财产的价款优先受偿的一种担保方式。

量进行样本筛选。这些变量主要包括借款人数量[①]($n\_borrower$)、出借人数量[②](n_lender),用于排除借款人或者出借人数量过多(可能涉及平台借债或者非法吸收公众存款)等非本书主要研究探讨话题范围内的情况。此外,裁判过程依照的法条数量[③]($complex$)、事实认定段落总字数($length\_fact$)、原告诉称段落总字数($length\_claim$)、案件是否简易审理流程[④]($simple$),主要用于衡量案件的复杂程度,排除个别案件复杂的民间借贷纠纷情况。诉讼费是否由出借人承担[⑤]变量(fee_lender)反映了民间借贷合同是否成立,主要为了排除个别借款合同不成立的诉讼案件。

根据二审判决书所引用的案号(见图 3-2)将其与一审判决书进行匹

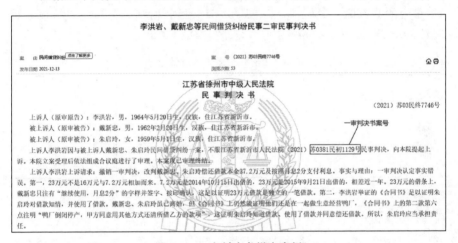

图 3-2　二审判决书样本案例

[①] 被告人数量减去担保人数量。夫妻共同债务的情况下,借款人数量为二人。《中华人民共和国婚姻法》和《最高人民法院关于适用〈中华人民共和国婚姻法〉若干问题的解释(二)》规定,婚姻关系存续期间以一方名义所负的债务,原则上都应认定为夫妻共同债务,由夫妻共同偿还,下列情况除外:(1)该债务的债权人与债务人明确约定为个人债务的;(2)夫妻双方为约定财产制且债权人知晓该约定的个人借款;(3)夫妻一方与第三人串通,虚构债务的;(4)夫妻一方从事赌博、吸毒等违法犯罪活动中所负债务的。

[②] 原告人数量。

[③] 法院的判决结果所依照法条数量越多,案情可能越复杂。

[④] 适用简易程序的案件,可以由审判员一人独任审判。而适用普通程序的,应当由审判员和陪审员三人以上组成合议庭。适用简易程序的案件应为事实清楚、证据充分、危害不严重的轻微案件。

[⑤] 诉讼费由败诉一方承担,若诉讼费由出借人承担,则民间借贷合同不成立,可能存在虚假诉讼的情况。

配，在二审信息变量①中，主要包含是否上诉（$appeal$）、是否借款人上诉（$appellant\_borrower$）、二审是否维持原判（$appeal\_affirm$），主要为了进一步排除借贷合同不成立且一审未给予正确判断的情况。

3.2.2 描述性统计

对上述变量的描述性统计见表 3-4 和表 3-5。民间借贷样本的借款发生时间主要分布在 2007 年 8 月至 2017 年 10 月。最早的一笔借款发生在 2000 年 1 月 8 日，最晚的一笔借款发生在 2018 年 8 月 10 日。裁判时间主要分布在 2014 年 2 月至 2018 年 9 月，最早的裁判时点是 2014 年 1 月 1 日，最晚的裁判时点是 2018 年 9 月 30 日。借款时间的分布特点是覆盖时间较长，有助于观察 2000—2018 年借贷特征的变化。

表 3-4 全样本描述性统计（1）

变量名称	样本量	平均值	标准差	1%分位数	中位数	99%分位数
时间维度						
$date\_loan$	2 762 729	4May14	721.8	16Aug07	24Jul14	23Oct17
$date\_judge$	2 762 729	15Sep16	463.3	20Feb14	31Oct16	17Sep18
地点维度						
$same\_city$	1 716 525	0.722	0.448	0	1	1
$same\_province$	1 716 525	0.802	0.398	0	1	1
$distance\_km$	1 716 525	121.7	381.5	0	0	1866
借贷双方属性维度						
$peer$	2 762 392	0.909	0.287	1	1	0
age_lender	1 662 680	42.63	10.49	23	42	69
$age\_borrower$	1 587 660	40.08	9.313	22	40	62
sex_lender	2 003 467	0.722	0.448	0	1	1
$sex\_borrower$	1 943 334	0.824	0.381	1	1	1
借贷双方关系维度						
$relationship\_kin$	188 706	0.068	0.0678	0	0	1
$relationship\_friend$	188 706	0.738	0.2190	0	1	1
$relationship\_work$	188 706	0.046	0.0560	0	0	1

---

① 二审判决文书会引用一审的判决书案号，基于案号进行匹配。若未匹配，则该一审判决书不存在二审上诉和判决情况。

续表

变量名称	样本量	平均值	标准差	1%分位数	中位数	99%分位数
relationship_neighbor	188 706	0.027	0.0427	0	0	1
relationship_past	188 706	0.057	0.0624	0	0	1
platform	188 706	0.064	0.0660	0	0	1
借款用途维度						
reason_debt	899 006	0.012	0.062	0	0	0
reason_improve	899 006	0.030	0.098	0	0	0
reason_liquidity	899 006	0.028	0.096	0	0	0
reason_sick	899 006	0.005	0.039	0	0	0
reason_wed	899 006	0.003	0.032	0	0	0
CON	899 006	0.100	0.300	0	0	0

表 3-5　全样本描述性统计（2）

变量名称	样本量	平均值	标准差	上四分位数	中位数	下四分位数
借款契约信息维度						
r	1 214 738	8.143	12.23	0	0	18
ZIR	1 214 738	0.633	0.448	0	1	1
PIR	456 859	22.42	10.66	18	24	25
PIR_12	456 859	0.808	0.394	1	1	1
PIR_24	456 859	0.255	0.436	0	0	1
PIR_36	456 859	0.054	0.226	0	0	0
amount	2 638 261	26.96	58.61	3	8	20
term	456 860	196.3	188.2	60	120	364
term_openend	2 763 704	0.832	0.374	1	1	1
collateral	2 762 729	0.273	0.446	0	0	1
collateral_person	384 129	0.007	0.084	0	0	0
collateral_mortgage	384 129	0.992	0.088	1	1	1
collateral_pledge	384 129	0.001	0.025	0	0	0
司法文书文本信息其他维度						
n_borrower	2 763 093	1.663	0.956	1	1	2
n_lender	2 763 093	1.028	0.297	1	1	1
complex	2 762 729	4.988	2.478	3	5	6

续表

变量名称	样本量	平均值	标准差	上四分位数	中位数	下四分位数
$length\_fact$	2 762 729	157.9	194.2	40	120	208
$length\_claim$	2 762 729	242.5	152.0	161	221	303
$simple$	2 762 729	0.436	0.496	0	0	1
fee_lender	2 431 160	0.021	0.144	0	0	0
二审信息维度						
$appeal$	2 762 729	0.050	0.218	0	0	0
$appellant\_borrower$	137 667	0.819	0.385	1	1	1
$appeal\_affirm$	137 019	0.593	0.491	0	1	1

从借贷双方所在地点[①]的地理距离来看,72%的借款发生在同一个城市,80%的借款发生在同一个省份。这说明民间借贷具有较强的地域特征。对于跨城市借贷的贷款来说,借贷双方所在城市通行距离的平均值为659千米;对于全部民间借贷样本来说,借贷双方所在地距离的平均值为382千米。

从借贷双方属性来看,91%的借款是自然人之间的借贷,其余涉及非自然人借贷的贷款中,约30%是自然人借给公司的借贷(占全部样本的2.59%),约64%是公司借给自然人的借贷(占全部样本的5.44%),约5%是公司之间的借贷(占全部样本的0.45%)。

对于出借人是自然人的样本,从年龄来看,出借人在出借资金时的平均年龄为42岁,上四分位数为35岁,下四分位数为49岁,最年轻的出借者23岁,最年长的出借者69岁。从性别来看,72%的资金出借者是男性。对于借款人是自然人的样本,从年龄来看,借款人在借入资金时的平均年龄为40岁,上四分位数为33岁,下四分位数为47岁,最年轻的借款者22岁,最年长的借款者62岁;从性别来看,82%的资金借入者为男性。总体来看,资金提供者年龄大于资金需求者年龄,资金需求者的男性占比大于资金提供者的男性占比。

从借贷双方关系来看,对于能够明确识别到借贷双方关系的样本,借贷双方为朋友关系的占比最多(73.8%),然后依次是血缘关系(6.8%)、过去有共同经历(5.7%)、业缘关系(4.6%)、地缘关系(2.7%)。此外,借贷双方

---

① 如果判决书没有披露借贷双方的所在地,则定义地理距离为缺失值。

从网络平台借款占比为 6.4%。从借款用途来看,90% 的借款用于生产,10% 的借款用于消费。在 10% 的用于消费的借款中:占比最高的是改善型消费(38%),例如用来买房和买车;其次是维持型消费(36%),例如用来买粮食等维持生存的消费品类;然后依次是用来还款(15%)、治病(6%)、结婚(4%)。

表 3-5 展示了借款契约信息的描述性统计。本书最关注的是利率变量,故对此展开详细描述。276.3 万份判决书中,有 155.2 万份(占全部样本的 56%)文书无法识别利率[①]。在 121.1 万份(占全部样本的 44%)能够识别借款利率的文书中,平均利率(r)为 8.14%,其中有 76.7 万笔借款(占可识别利率样本的 63%)没有提及利息或者利率,将没有提及利息或者利率的样本定义为零息贷($ZIR=1$),零息贷样本占总样本比例符合我国民间借贷田野调研所体现的零息贷比例(Turvey et al.,2010;张庆亮、张前程,2010)。

在非零息贷(PIR)样本中,平均年化利率是 22.4%,中位数是 24%,有 80.8% 超过年化利率 12%(月利一分),有 25.5% 超过年化利率 24%(月利二分),有 5.4% 超过年化利率 36%(月利三分)。图 3-3 展示了非零息贷样本的年化利率分布的核密度估计,可以发现密度分布呈现多峰,利率多集中在 24%,在 6%、12%、36% 也有集中,整体来看利率分布呈现右偏。

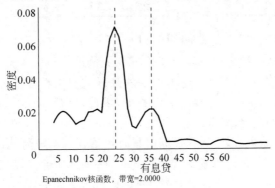

图 3-3 非零息贷利率分布的核密度估计

[①] 无法识别利率可分为四种情况:一是判决书中"事实认定"和"原告诉称"两个段落都无法识别,段落识别的准确率为 96%,故这种情况较少;二是存在利息信息,但无法准确识别出具体的利率,在之后的研究过程中可以进一步对此进行优化识别,将每一笔利息与借款金额和期限匹配起来,计算出年化利率;三是存在汉字或口语化表达的利率形式(例如,分、厘等);四是利率表述位于括号内,并非正文内容。

分年度来看,表 3-6 展示了 2010—2018 年民间借贷利率呈现倒 U 形长尾分布,期初和期末利率较低,2013 年的利率最高[①]。2010—2013 年是利率的上升期,平均借款利率从 2010 年的 22.11% 逐年上升至 2013 年的 24.52%,上升了 241 个基点。2013—2016 年是利率的下降期,利率从 2013 年的 24.52% 逐年下降至 2016 年的 21.30%,下降了 322 个基点。2017 年和 2018 年在持平的基础上略有小幅上升。各年度间的利率中位数保持不变,都为 24%(月利二分)。

表 3-6　非零息贷样本的平均利率(按不同借款年度)

年份	观测数	平均值/%	标准差	中位数/%
2010	49 021	22.11	9.766	24
2011	109 562	23.56	9.735	24
2012	207 191	23.98	9.633	24
2013	434 865	24.52	9.524	24
2014	600 524	23.58	9.625	24
2015	535 117	22.22	9.747	24
2016	462 081	21.30	9.703	24
2017	277 185	21.77	9.443	24
2018	12 850	22.59	9.126	24
全部	2 688 396	22.42	9.699	24

从借款金额来看,表 3-5 显示平均借款金额为 27 万元,远高于其中位数 8 万元,借款金额呈现右偏分布。借款金额的上四分位数是 20 万元,下四分位数是 3 万元。图 3-4 展示了借款金额对数的核密度分布,可见借款金额的对数呈现出的分布是较为对称的,因此,在后文的实证回归方程中,采用借款金额的对数形式。

从借款期限来看,83% 的民间借贷合约是开放型契约(即没有约定明确的归还日期)。在固定期限的借款合约中,平均期限是 196 天(约为半年),中位数约为 1 个季度,上四分位数大约为 1 年,下四分位数大约为 2 个月。由此可见,民间借贷的约定期限较短,多为 3 个月左右,且一般不超过 1 年。从提供抵押的情况来看,27% 的民间借贷提供抵押。在提供抵押的民间借贷中,抵押形式大多为不动产抵押品。

[①] 2000—2010 年的有息贷借款利率呈现逐年上升趋势,受篇幅限制在此不呈列。

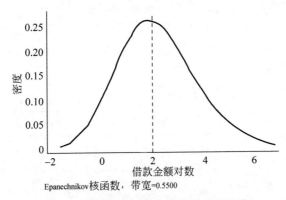

图 3-4 借款金额对数分布的核密度估计

从司法文书文本信息其他变量来看,借贷双方主体个数为 1[①],平均引用法条数为 5 条。文书中的"事实认定段落"字数平均值为 158 字,"原告诉称段落"字数平均值为 243 字。43.6%的民间借贷审理流程符合简易流程,说明至少近半数民间借贷纠纷的债权债务主体分明、证据明确,且没有造成重大外部性危害。

此外,下述统计值为本书的数据真实性提供了有力佐证:仅有 2%案件诉讼费由出借人承担,说明样本中 98%的借贷合同获得了司法部门事实认定,借贷是实际发生的。进一步为司法部门事实认定准确性提供有力佐证的是,仅有 5%的一审案件有二审诉讼情况,且仅有 4.1%(5%×81.9%)是借款者上诉,仅有 1.7%[4.1%×(1−59.3%)]是借款者上诉成功。

3.3 相关分析与典型事实

3.3.1 借款契约维度变量的相关性分析

在进行回归分析之前,本章对全样本借款契约维度的变量进行相关性分析。首先给出有息贷样本变量的相关性分析。表 3-7 展示了有息贷样本中各变量之间的相关系数以及相关性的显著程度。在不控制其他变量的情况下,利率与金额显著正相关,消费型贷款的有息贷利率比生产型贷款显著更低。这在一定程度上反映了有息贷利率具有风险定价的能力:借款金额

---

① 借款者的下四分位数为 2,说明至少有 25%的概率,借款者是夫妻共担债务的情况,此处不区分夫妻共同体(家庭)和个人。

高以及生产型借款往往伴随着更高的风险,对应了更高的利率价格。从利率与其他借款契约变量的相关性来看,在不控制其他变量的情况下,利率与期限负相关[①],与是否有抵押品正相关,与借贷双方是否在同一城市正相关,与借贷经过的复杂程度正相关。

表 3-7 有息贷样本的契约变量相关性分析

变量名	PIR	amount	term	collateral	CON	same_city	length_fact
PIR	1.00						
amount	0.07***	1.00					
term	−0.08***	0.02***	1.00				
collateral	0.12***	0.15***	−0.01**	1.00			
CON	−0.04***	−0.06***	−0.02***	−0.03***	1.00		
same_city	0.03***	−0.08***	0.00	−0.01	0.01	1.00	
length_fact	0.15***	0.16***	0.07***	0.25***	−0.02***	−0.04***	1.00

注:*** 表示在1%水平下统计显著,** 表示在5%水平下统计显著,* 表示在10%水平下统计显著。

其次给出全样本中利率是否为0与其他变量的相关性分析。表3-8展示了全样本中各变量之间的相关系数以及相关性的显著程度,可以发现零息贷的借款特征呈现出金额较小、借款期限不明确、无抵押、用于消费、复杂程度低的特点。具体来看,在不控制其他变量的情况下,借款金额与零息贷概率显著负相关,开放型借款的零息贷概率显著更高,有抵押借款的零息贷概率显著更低,消费型贷款的零息贷概率显著更高,借贷经过复杂程度与零息贷概率显著负相关。此外,从借贷双方所在城市来看,是否同城借贷与零息贷概率没有显著相关性。

表 3-8 全样本的契约变量相关性分析

变量名	ZIR	amount	term_openend	collateral	CON	same_city	length_fact
ZIR	1.00						
amount	−0.09***	1.00					
term_openend	0.08***	−0.05***	1.00				

---

① 从期限结构来看,一般认为借期越长,违约的风险越大,借贷利率也更高。但是在民间借贷市场上,借期与利率往往并没有显著的正相关关系,这与浙江省的民间借贷调查数据相符(赵竞竞,2019)。

续表

变量名	ZIR	amount	term_openend	collateral	CON	same_city	length_fact
collateral	−0.11***	0.17***	−0.18***	1.00			
CON	0.06***	−0.07***	0.00	−0.05***	1.00		
same_city	0.00	−0.07***	0.03***	0.00	0.01**	1.00	
length_fact	−0.13***	0.18***	−0.19***	0.28***	−0.05***	−0.06***	1.00

注：*** 表示在1%水平下统计显著，** 表示在5%水平下统计显著，* 表示在10%水平下统计显著。

3.3.2 零息贷与有息贷的借款特征差异检验

本节将民间借贷全样本按照零息贷虚拟变量分为有息贷（$ZIR=0$）和零息贷（$ZIR=1$），检验零息贷与有息贷样本变量的特征差异。本节主要结论是，零息贷与有息贷的变量特征差异较大，故在之后的回归研究中，将零息贷与有息贷分开进行研究。

具体来说，表 3-9 的第 1 行和第 2 行展示了有息贷是相对长期大额的借款，有息贷的平均借款金额比零息贷高 13 万元，平均借款期限比零息贷多 66 天（约两个月）。由于借款金额分布呈右偏，有息贷样本的金额右偏程度可能大于零息贷样本，使用均值的差异可能会高估二者之间的差异，进一步展示零息贷样本和有息贷样本的借款金额对数分布如图 3-5 所示，发现有息贷样本的借款金额分布在零息贷样本的右侧。

表 3-9　零息贷与有息贷的借款特征差异（t 检验）

变量名	$ZIR=1$		$ZIR=0$		(2)−(1)
	观测值	平均值	观测值	平均值	$Diff$
amount	723 818	18.10	441 277	31.54	13.44***
term	89 641	150.73	82 336	216.77	66.04***
term_openend	766 176	0.88	456 859	0.82	−0.06***
same_province	471 696	0.79	319 107	0.82	0.03***
CON	244 245	0.14	174 023	0.07	−0.07***
reason_debt	766 176	0.01	456 859	0.00	0.00***
reason_improve	766 176	0.01	456 859	0.01	0.00***
reason_liquidity	766 176	0.01	456 859	0.01	0.00***
reason_sick	766 176	0.00	456 859	0.00	0.00***

续表

变量名	ZIR=1		ZIR=0		(2)-(1)
	观测值	平均值	观测值	平均值	Diff
reason_wed	766 176	0.00	456 859	0.00	0.00***
farmer_lender	766 176	0.07	456 859	0.06	−0.01***
farmer_borrower	766 176	0.08	456 859	0.07	−0.01***

注：*** 表示在1%水平下统计显著，** 表示在5%水平下统计显著，* 表示在10%水平下统计显著。

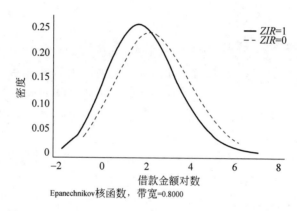

图 3-5　零息贷样本与有息贷样本的借款金额对数分布图

表 3-9 还表明，有息贷的开放型借款契约的概率比零息贷低 6.31 个百分点，同省借款的概率高 2.69 个百分点。从借款用途来看，零息贷比有息贷更可能是消费型借款，更可能用于还债、买车买房、装修等改善生活型消费，解决流动性、看病以及婚丧嫁娶等重大礼节性事件。从借款人职业和贷款人职业来看，借方和贷方是农民（farmer_lender、farmer_borrower）的时候更可能签订零息贷。

3.3.3　民间借贷的行业特征

本书所研究的民间借贷的范畴是自然人之间基于社会关系的直接借贷行为，受限于篇幅，借贷双方有任意一方是不属于自然人的法人或者非法人组织，就不属于本书的研究对象范畴。本书认为有必要对企业借贷按照行业特征进行简要分析。一是因为中小微企业的借款利率和金额，反映了所在行业的融资可得性以及风险，与实体经济密切相关；二是因为企业之间民间借贷的借款利率和金额到底是多少,以往文献受限于数据可得性并未涉及。因此,作为描述性统计章节,有必要对企业之间的借款特征,尤其是借款金额和借款利率,进行描述分析。

3.2.2 数据描述小节中提到,企业之间的民间借贷占全样本的9%。对司法文书中借贷双方的属性进行识别,对于属性为公司制企业[①]的借方或者贷方,使用道口金科基础大数据库匹配公司所在行业。表 3-10 分别展示了借款企业所在行业的借贷利率和金额,以及出借企业所在行业的借贷利率和金额。

表 3-10 不同行业[②]公司的借贷利率和金额

行业名称	观测值	利率/%		金额/万元	
		平均数	中位数	平均数	中位数
借款者所在行业					
房地产业	21 958	25.8	24.0	101	50
采矿业	1309	26.6	24.0	91	50
金融业	1634	22.9	24.0	83	30
建筑业	8362	24.7	24.0	83	40
制造业	35 324	21.8	22.3	82	30
交通运输、仓储和邮政业	2110	22.9	24.0	77	30
批发和零售业	20 322	22.3	24.0	76	27
科学研究和技术服务业	2908	20.7	22.0	76	28
住宿和餐饮业	1860	22.5	20.0	64	25
农、林、牧、渔业	3696	22.0	22.8	63	20
租赁和商务服务业	11 039	21.8	24.0	54	15
出借者所在行业					
建筑业	2797	19.4	20.0	104	50
金融业	13 843	21.7	21.6	91	40
制造业	4319	17.8	18.0	80	25
批发和零售业	5667	20.6	23.4	67	19
房地产业	4800	21.4	24.0	47	15

---

① 其他可能的法人类型还包括检察院、行政机构、村委会、居委会、学校、非公司之小微企业。由于其他法人类别的样本量有限,代表性不强,本书仅对自然人和公司制法人作识别处理。

② 剔除观测值小于 1000 的行业,行业顺序按照平均借款金额大小排序。

续表

行业名称	观测值	利率/%		金额/万元	
		平均数	中位数	平均数	中位数
租赁和商务服务业	12 094	23.3	24.0	43	8
交通运输、仓储和邮政业	3107	19.0	18.0	23	10
信息技术服务业	2052	19.0	18.0	17	2
科学研究和技术服务业	6697	16.4	17.0	12	5

从借款者所在行业的借款金额来看，平均借款金额最多的是房地产企业，平均借款金额101万元，借款金额中位数是50万元。借款利率[①]在各行业之间具有一定差异，利率最高的行业是采矿业（平均借款年化利率为26.6%），最低的是科学研究和技术服务业（平均利率为20.7%），多数行业的平均借款利率中位数是24%（月利二分）。从借款者的行业分布来看，数量最多的行业依次是制造业、房地产业、批发和零售业、租赁和商务服务业。

从出借者所在行业的借款金额来看，平均借出金额最多的是建筑业，平均借出金额104万元，借出金额中位数是50万元。收取利率最高的行业是租赁和商务服务业（平均借款年化利率为23.3%），最低的是科学研究和技术服务业（平均利率为16.4%）。从出借者的行业分布来看，数量最多的行业依次是金融业以及租赁和商务服务业。值得一提的是，在分布最多的金融业出借企业中，90%以上是小额贷款公司[②]。

再次强调，企业之间的民间借贷不属于本书的研究范畴，在回归分析中不包含这部分样本。本节的研究发现属于另一个研究领域，值得未来研究探讨。

---

① 企业之间的借贷没有零息贷，因此企业之间的有息贷利率与平均年化利率之间不作区分。

② 按照最高人民法院对民间借贷的定义，广义的民间借贷包括小额贷款公司，本书的实证回归章节中，按照是否拥有金融监管机构颁发的牌照，将正规持牌的小额贷款公司列为正规金融。实证回归章节中的样本是个人之间的借贷，不包含企业之间的借贷行为，因此全样本中的小额贷款公司样本不属于本书的研究对象。

第4章 大数据视角下的我国民间借贷利率

4.1 民间借贷利率演进的历史回顾

本章利用上一章描述的民间借贷微观数据库,从大数据的视角对我国民间借贷的分布特征和发展趋势进行提炼和总结。本章所涉及的研究结论具有重要的应用价值。一直以来,由于民间借贷数据获取难度较大(一是借贷时间不连续,二是借贷地点分散,三是借贷双方出于隐私保护瞒报借贷规模、担心触犯法律低报借贷利率所导致的数据失真等问题),有关我国民间借贷市场发展趋势的研究都缺乏翔实的数据支持[①],特别是有关借贷利率分布及其特征的描述甚少。本章在司法文书的大数据视角下,试图还原我国当今社会较为完整、真实的民间借贷市场现状。

在描述我国当前民间借贷市场利率的特征和分布之前,简要回顾民间借贷利率的历史演进。大量研究显示,历史现象有长期持续影响(Porta et al.,1998)。要理解我国民间借贷市场的利率,应站在大的历史背景之下,了解其所处的制度环境。例如,我国古代的钱庄和票号的发展通过民间制度和社会文化习俗流传下来,对我国现代经济和金融体系的发展有着深远影响(张博等,2018)。接下来依照国际—国内的顺序,梳理民间借贷利率的历史演进。

利率史资料表明,在上古时期,借贷行为就已是普遍的经济活动,早于工业和银行业的出现[②](Homer & Sylla,2005)。最早的借贷活动来自农业生产和消费需求。例如,为保证生产连续性,缺少种子的农民会向邻居借谷物播种,并承诺在收获的季节偿还更多谷物。除了生产用途以外,农民也可能为了吃饱而去借粮食。因此,借贷活动从出现开始就与生产和消费直接

---

① 笔者所能追溯到的最近期的研究是西南财经大学中国家庭金融调查与研究中心2013年的调查,该研究估计我国2013年的借贷总额为8.6万亿元。

② "它可能比最原始的货币形式还要早,含息信贷在有文字历史出现之前就已经普及到了足以产生重大政治问题的程度。"

相关。利率作为民间借贷行为的价格,也是解释消费和生产活动的重要指标[①](Homer & Sylla,2005)。古巴比伦、古希腊、古罗马都表现出从最早历史时期利率较高,随着民族发展和兴旺利率开始下降,又在政治崩溃的最后几个世纪里利率上升的现象,在上古时期民间借贷利率就已经成为经济发展的风向标。

文艺复兴时期以来,借贷形式更加多样化,政府作为债务人开始向民间借贷,出现了居民发放给君主的君主贷款和城邦政府的城邦贷款。利率市场出现了风险结构和期限结构,城邦的信用比国君的信用好,且君主贷款比城邦贷款期限短。因此,君主贷款利率高。17世纪之前,欧洲各个地区借贷活动差异主要取决于当地的经济和金融形势而非国界。从17世纪开始,国界扮演了重要作用。政府贷款过多与战争频发导致西班牙和法国严重通货膨胀并丧失还债能力。与此同时,荷兰脱离西班牙统治赢得了独立,建立起现代国家信用。从国际比较来看,在利率成为中央银行货币政策调节工具之前(19世纪以前),一个国家的利率水平一定程度上反映了该国的经济实力[②]。例如,17世纪至18世纪荷兰的长期利率总体上低于英国,而19世纪则是英国低于荷兰,这期间伴随着两个国家相对经济地位和对欧洲金融的主导权变化。19世纪英国国债利率低于美、法、德、荷等国,也反映出19世纪英国经济实力的强大。

我国古代民间借贷的主体与欧洲有很大差异。从欧洲的借贷史来看,政府更多的是作为债务人而非债权人的角色。欧洲国家在历史上限制利率上限,不仅是为了民间商业活动的正常开展和社会秩序的稳定,更是为了政府能以低利率借款。在我国民间借贷历史中政府的角色与欧洲国家恰恰相反,在明代以前,大多数情况下政府作为债权人把资金借出给百姓,极少扮演债务人的角色筹措资金。我国古代的利息演变具有鲜明的特征,是世界利率史的有机组成部分。

遗憾的是,针对我国古代民间借贷利率变化的研究颇为匮乏。外国古代利率研究所依据的史料资源主要为 Homer 和 Sylla(2005)。该著作以欧

---

① "任何一个国家的自由长期利率只要收取得当,都能提供那个国家经济和政治健康状态的动态图,对利率的管制将失去市场利率所提供的丰富信息。"

② 奥地利经济学家庞巴维克得出更发达先进的国家利率更低的结论,认为一个民族的智力和道德力量越强大其利率水平越低。该结论具有一定时代局限性,特别是19世纪中央银行出现后,利率成为央行货币政策调节的工具或结果。有研究表明低利率往往伴随着金融抑制和流动性陷阱,合适的利率是经济繁荣的体现,利率太低反而是经济衰退的表现。

洲和北美为中心对利率问题进行了全面考察,被誉为"没有对手的金融权威著述",但是与我国民间借贷利率史有关的记载却语焉不详且篇幅甚短。纵观目前的中外学术资料,据笔者所知,熊正文(1934)是迄今唯一系统研究中国历代利息问题的学者。其研究通过对各代史料的翔实考证,梳理历代不同类别利息的水平,初步探讨不同时期利率与实体经济的交互影响,以及中国历代关于利息的思想理论和法制规范。本节基于熊正文(1934)的考证,使用白话文和现代经济学研究的研究范式,对中国历代利息演变进行综述。

我国民间借贷历史悠久,史书记载神农和黄帝时期便有粮食谷物借贷。上古时代的生产力和效率都较低,借贷形式大多是以物易物的互助性行为,人们依靠互助而生存。《说文解字注》对贷的解释为"施人",意思是无偿地施予他人。汉朝的韩婴在《韩诗外传》中描述道:"八家相保,出入更守,疾病相忧,患难相救,有无相贷……是以其民和亲而相好。"逐渐地,随着生产发展和财富的积累,借贷行为开始发生转变,由"有无相贷"变为"有借有还",但借贷对象依然是物品,利息的概念还未出现。

以货币为交易对象的有利息的借贷关系,最早出现在周朝初期。债权主体可分为政府(官贷)和非政府(私贷),后者是民间借贷。整体来讲,官贷利率低于私贷利率:从官贷来看,"民之贷者以国服为之息"[①],即官贷利息之高低取决于借款者的税率,而税率又取决于纳税者的地理位置(见表4-1),以空间距离为标准确定借贷利率是血缘政治的反映;从私贷来看,"民倍贷以给之征"[②]"以其贾倍偿之"[③]等描述说明年利率一般为100%。

表4-1 周朝的官贷分区利率

城邑距离(里)	地区名称	年利率/%
0	国中	5
(0, 50]	近郊	10
(50, 100]	远郊	15
(100, 200]	邦甸	20
(200, 300]	家削	20
(300, 400]	邦县	20
(400, 500]	邦都	20

① 《周礼·地官司徒》,《周礼注疏》四册,卷十五,三叶。
② 《管子》卷二十四,四叶。
③ 《墨子》卷十五,五叶。

战国后期随着土地政策的变化,社会贫富差距加大,"庶人之富者累巨万,而贫者食糟糠"①,而贫民租税徭役的增加又加剧了民间借贷的需求。熊正文(1934)以数学方法从史料中推测秦代的民间借贷利率中位数高达190%。汉朝时期,官贷的目的是发展产业,"除其费所得,受息不过岁什一"(即年化利率10%)②,王莽时期甚至低于10%。但与此同时,民间借贷有"倍称之息"③,"经常至加一之谱……景帝三年,无盐之息,一岁什倍"④,可见年利率常常达到100%乃至更高。

南北朝时期的私人债权主体开始多元化发展,可分为社贷、寺院贷、个人贷。社贷与今日的农村信用合作社相似。寺院贷本质上是一种典当模式,是中国最古老的信贷机构⑤,如同古巴比伦、古希腊和古罗马的寺庙,中国古代佛教的寺庙向个人提供贷款,抵押物为贵重金属、农产品和各种物品,并将抵押物放在仓库里,因此寺院贷也称为质库。

隋唐时期我国由南北朝分割之局归为统一,长期的太平时代促进了商业的发展,因此民间借贷的现象更为普遍,而与之相关的史料记载也逐渐丰富起来。整体来看,隋唐时期利率大致的走向是由高至低。从隋朝末年至贞观时期,战争持续30多年,耗费经费无数,财税枯竭。贞观十五年(641年),在商业发展和百官俸禄不足的背景下,政府专门在每个衙门任命"捉钱令史",职业就是将政府的钱贷款给商人而收取利息,从而获得额外资本利得收入,这就是最早的行政费基金制度。唐太宗贞观年间,"捉钱令史"每从政府借五万文的"公廨钱"需缴纳利息四万八千文钱,利息达96%⑥。高宗永徽年间各地区年利率为70%⑦,玄宗开元年间降为60%⑧,代宗永泰年间降为50%⑨,德宗年间又反弹回60%,直到宪宗元和年间利息才降为20%⑩。隋唐时期的民间借贷利率常高达100%。私人贷款中盛行无质债,即无抵押借款,出借方多为商人,而借款者多为官吏,"京中各官,出外赴任,

---

① 《汉书》卷二十四,《食货志》。
② 《汉书》卷二十四下。
③ 《贵粟疏》。
④ 《史记》卷一二九,《货殖列传》。
⑤ 《利率史》,第二十七章。
⑥ 《新唐书》卷五十五,《食货志》,二叶。
⑦ 《新唐书》卷五十五,《食货志》,三叶。
⑧ 《新唐书》卷五十五,《食货志》,四叶。
⑨ 《旧唐书》卷二十四,《仪礼志》。
⑩ 《新唐书》卷五十五,《食货志》,七叶。

多带京债"。

宋代官贷有三种。一是军贷,利率为10%;二是农贷,春季贷给农民(青苗钱),农民秋季还本付息,年化利率一般为10%～20%[①];三是商贷,年化利率20%,期限为半年或一年[②]。其中农贷是王安石变法的重要政策之一,在执行过程中,中央政府给各级地方政府下了借贷的绩效考核指标,使得地方政府强迫农民贷款。这就使得民间借贷市场上的借贷者大多数为贫农。"民既受贷,则兼并之家不得乘新陈之不接以邀倍息",指政府借贷使兼并之家无法乘青黄不接以100%高利盘剥农民。当然,由于地方官员强贷邀功,政府的普惠贷款一定程度上反而降低了部分农民的福利。

元代的官贷利息亦不高,年利率为10%～18%[③]。然而,政府资金被贷给关系良好的商人,这些商人将这些资金转而贷给百姓,使得商人成为元代社会上最普遍的放贷主体。商人收取的利率(羊羔息)一般为100%以上[④],"官吏贷回回银,本年息倍之,次年并息又倍之,谓之羊羔利"[⑤],元代羊羔利是以复利法计算利息。"羊羔利"的现象主要发生在元朝初期,元朝后期的民间借贷利息稍有下降。

明清至民国时期,随着中国沿海地区的对外开放,外资进入中国,带来了金融与商业的发展,中国逐渐开始确立现代金融制度,利率呈现出下降趋势。明朝不存在政府贷款的记载,私人借贷中票号和钱庄开始出现。清朝,尤其是19世纪40年代开埠通商以来,金融业迎来发展,以钱庄、票号、典当为主要机构的金融市场形成。伴随着票号和钱庄等金融机构的成熟,民间借贷利率得到显著降低。陈志武等(2016)搜集并整理史志、契约文书、商业账簿、调查报告等资料编制利率史数据库(收录的数据时间为1563—2005年)显示,总体来看,清代至当代前的利率均值和中位数均在24%～36%,未超过清代法律规定的36%。但值得注意的是,不同地区、不同类型的民间借贷利率的分化和差异,较清代以前更加显著。这种差异性主要体现在不同地区和借款类型上。

按照债权主体的不同,民间借贷可分为官贷和私贷两种类型。从官贷角度看,包括中央政府贷款、地方政府贷款、社会救济机构贷款和金融机构

---

① 《宋史》卷一七六,十三叶。
② 《宋史》卷三二七,《王安石传》。
③ 《元史》卷一零五。
④ 《元史》卷一四六。
⑤ 《新元史》卷一二七。

贷款。根据史料记载，中央政府的商业贷款利率一般在10%以上，道光十五年(1835年)后，减息至3%；中央政府存放在银庄和票号的贷款利率为2%~5%。地方政府的贷款利率在10%左右[1]。社会救济机构的贷款利率在15%左右[2]。金融机构的贷款利率为6%~12%。

从私贷角度来看，清代私人贷款颇为盛行，但利率差异较大。票号的成立构建了跨地区的金融网络，但票号仅从事较为专业的商业化放贷，借款者一般是同业或者殷实的商户和官绅，因此借贷利率较低且利率方差较小。而钱庄一般是地域性的，中小商户无法从票号直接获得贷款，本土钱庄可将票号拆入的资金转贷给中小商户，而这些商户进一步又将资金借给平民，因此地方钱庄以及商户对平民的借贷利率相对更高且方差较大。总体来看，商人之间的贷款年利率一般为40%，地主给贫农的贷款年利率为40%~50%，票号及钱庄贷款利率为6%~12%，当铺的年化利率一般为36%。

分地区来看(陈志武等，2014：图4)，1911—1936年，民间借贷利率存在明显的南北差异。南方普遍低于北方，西北省份的利率又普遍高于其他地区。沿海地区普遍较低，西部内陆地区则普遍较高。从不同地区利率变化趋势来看，沿海沿江受通商口岸影响较大的地区有明显下降趋势，而山西、河南、山东等诸华北腹地省份的利率在20世纪以前未必低于东南沿海，后来趋于上升。此外，天津也是较早通商的口岸城市之一，第二次鸦片战争后，天津在受到列强侵占的同时，外资流入在此期间迅速增强，整体私人借贷利率在12%左右。徽州地区民间贷款利率也比以往朝代下降很多[3]，一定程度上反映了上述趋势：《徽州文书》中的民间借贷，年化利率为20%和24%的占比最多，然后依次是零息贷、18%。

图4-1按照债权主体是私人和政府分别绘制了不同朝代不同帝王时期的平均利率，黑色三角表示民间借贷利率，黑色四边形表示政府贷给个人的贷款利率，政府规定的贷款利率上限用虚线表示。例如，唐朝政府规定民间借贷年利率不得超过72%，宋朝政府规定年利率不得超过48%[4]。而元朝

---

[1] 《清史稿》。
[2] 《筹款收养孤贫禀》。
[3] 《清至民国惠州民间借贷利率资料汇编及研究》，吴炳琨。
[4] 《宋刑统·杂律·受寄财务辄费用》。

和明朝政府将借贷利率上限进一步降低到36%①。

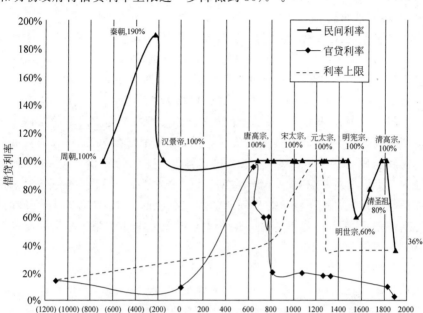

图4-1 我国古代民间借贷演进史

站在大历史观下比较历史私人借贷利率与近现代民间借贷利率,有助于把握利率的历史走向和时代潮流,洞悉我国民间借贷市场的动态发展和模式。对我国古代民间借贷进行梳理后发现:第一,我国古代利息的种类多样性、变化复杂性不亚于同一时期的其他国家和地区;第二,我国古代民间借贷行为呈现出利率上限与实际利率分离的特征,官方规定的利率上限在实际民间借贷中并未得到执行。为何官方规定的利率上限并没有对民间借贷利率产生规制?一方面是因为法律体制不完善,地方执法能力薄弱;另一方面,向民间放贷收取利息是我国古代政府的隐形收入,历代政府表面上颁布法定利率,实际默许高利贷的存在,并不希望将其从根本上予以铲除。

在当今的法治中国,司法效力和执行力相比各朝各代都有显著提升,政府的财政收入也不再依靠民间借贷利息。为应对民间借贷的诸多风险,司法和监管部门设定的利率保护上限的执行效力和执行意愿也比以往任何时

---

① 《大明例律》三册,卷九,《户律》六,钱债,二八叶:"凡私放钱债及典当财物,每月取利不得过三分。"

期都强。也正因如此,制定适合当今中国民间借贷市场现状的利率保护上限,变得更加重要。

事实上,我国利率保护上限自设立以来历经以下几次更迭。1991年,最高人民法院颁布的《关于人民法院审理借贷案件的若干意见》规定,民间借贷利率最高不得超过银行同类贷款利率的四倍。2002年中国人民银行发布的《关于取缔地下钱庄及打击高利贷行为的通知》中,将高利贷定义为利率超过中国人民银行公布的金融机构同期、同档次贷款利率的四倍。但是,随着我国利率市场化改革的推进,中国人民银行在2004年取消贷款利率浮动上限,2013年又取消贷款利率浮动下限,民间借贷利率限制的锚——金融机构贷款利率不复存在。2015年,最高人民法院颁布《关于审理民间借贷案件适用法律若干问题的规定》,民间借贷利率以24%和36%为基准划定"两线三区"。2020年,最高法院又将利率上限调整为一年期贷款市场报价利率(LPR)的四倍。

直到今天,利率上限设置的争议依然未有定论。一方面,民间借贷利率保护上限不宜过高,过高的利率保护标准可能引发非法集资等社会问题(Rigbi,2013)。另一方面,民间借贷利率保护上限又不宜过低,过低的利率上限无法抵消借款人的市场化风险,不能保护出借人合理的风险补偿(Benmelech & Moskowitz,2010)。如此看来,过高和过低的民间借贷利率上限都会带来一定的社会福利下降。那么,民间借贷利率究竟应如何规范?究竟什么样的利率上限是过高?什么样的利率上限是过低呢?**要回答这些问题,首先要弄清:我国民间借贷市场的利率究竟多高?如何分布?有何特征与趋势?**

4.2 我国民间借贷市场分布特征

首先,本节基于民间借贷微观数据变量的描述性分析,对我国民间借贷总体特征进行总结。**从利率特征来看,2000—2018年我国民间借贷总体平均利率为8.14%,其中63%为零息贷,37%为有息贷**。有息贷利率呈多峰分布,利率多集中在6%、12%、24%、36%,分别对应月利五厘、月利一分、月利二分、月利三分。有息贷利率的中位数为24%,平均数是22.4%。零息贷与有息贷的变量特征差异较大,零息贷呈现出金额较小、借款期限不明确、无抵押、多用于消费、复杂程度低等特点。

从其他借款特征来看,我国民间借贷市场呈现出本地属性强、借贷双方

年龄较大、借期较短、金额较大、生产型为主的特点。民间借贷具有较强的本地属性。72%的借款发生在同一个城市,80%的借款发生在同一个省份。民间借贷的借贷双方以 35 岁以上的中年男性为主力军。出借人平均年龄为 42 岁,72%是男性。借款人平均年龄 40 岁,82%为男性。从借款期限来看,83%的民间借贷合约没有固定期限,固定期限的借款合约平均借期半年。平均借款金额为 27 万元,高于同时期网络借贷平台的借贷和现金贷平台的消费信贷。从借款用途来看,90%的借款用于生产,10%的借款用于消费,且生产型借贷的利率高于消费型借贷,生产型借贷的金额大于消费型借贷。

其次,观察我国民间借贷的地域差异。**从样本分布来看,民间借贷的活跃地区主要集中在东南沿海地区**,浙江省、江苏省、福建省、河南省、山东省、广东省位于省级行政单位排名前六位。样本主要集中在东南沿海地区,浙江省、江苏省和福建省三省样本量最多。

从地级市[①]的样本观测值数量排名来看,浙江省杭州市、台州市、金华市、泉州市、宁波市、温州市包揽了全国地级市排名前六位。接下来依次是,内蒙古自治区赤峰市、江苏省徐州市、福建省福州市、江苏省盐城市、江苏省榆林市。从省份排名来看,观测量最多的六个省(自治区、直辖市)依次是浙江省、江苏省、福建省、河南省、山东省、广东省[②];观测量最少的六个省(自治区、直辖市)依次是西藏自治区、海南省、青海省、新疆维吾尔自治区、天津市、宁夏回族自治区。

上述样本分布具有较强的代表性,北京大学发布的《全国法院审理民间借贷纠纷案件专题分析报告》显示,浙江省 2012—2016 年民间借贷案件数量持续位居全国第一,而人口比浙江省多的河南省的民间借贷案件数量仅为浙江省的 1/3,这与本书的样本分布相符。该报告指出,这主要是由于浙江省中小型民营企业较为活跃,对民间借贷的需求较高,民间借贷的供给也较为充足,民间借贷活动极为普遍。

从民间借贷有息贷利率的地理分布看,**各地区之间的利率具有较大差异性。京津和东部地区的民间借贷利率较低**。民间借贷利率最低的五个省(自治区、直辖市)分别是海南省(16.9%)、北京市(17.8%)、江苏省(19.3%)、

[①] 由于篇幅限制,地级市样本排名没有在文中呈列,若需要可向作者索要。
[②] 广东省是全国经济规模最大、常住人口最多的省级行政区。

上海市(19.3%)、山东省(21.27%)①。中西部地区的民间借贷利率较高。民间借贷利率最高的五个省(自治区、直辖市)分别是西藏自治区(26.1%)、贵州省(26.0%)、甘肃省(25%)、湖南省(24.7%)和江西省(24.6%)。样本数据的有息贷利率具有一定代表性。以温州为例,样本中温州市有息贷利率的加权平均年化利率2000—2018年呈现先升后降的趋势,从2000年的12.8%升至2011年的25.9%,自2011年平均年化利率开始下降,2016年降至20.9%,之后的2017年和2018年维持在22%左右。温州市利率变化趋势与2013年5月开始发布的温州民间融资综合利率指数较为一致。

从样本分布对比来看,一个有意思的发现是,**民间借贷活跃的浙江、江苏和福建,民间借贷利率并不是最高的**。相反地,**民间借贷利率最高的西藏、贵州等是活跃度相对不高的区域**。这也从侧面反映了民间借贷利率可能受地区的正规金融发展程度的影响。第5章将对此展开讨论。

4.3 我国民间借贷市场趋势特征

从民间借贷纠纷数量来看,2014年以来,民间借贷纠纷数量呈现递增趋势。图4-2展示了2014—2018年基层法院审理民间借贷纠纷的案件数及其占民事案件的比例。由于案件总数量可能受到法院审理的月度效应以及司法治理效力等因素的影响,此处选取民间借贷纠纷在全部民事诉讼案件中的占比作为衡量民间借贷风险负面影响的指标。图4-2显示,2014年以来我国民间借贷纠纷数量占全部民事案件总量比例呈上升趋势,2017年2月达到最高值,截至2018年9月,民间借贷纠纷案件占比为25%。

从借贷金额②来看,**近年来我国民间借贷的单笔借款金额呈现先升后降的总体趋势**。图4-3中的散点展示了2000—2018年各个月度实际发生的借款金额平均值,线条代表前后五个月移动平均值。可以看到,2000年借款平均金额为5万元,之后逐年上升,2011年达到30万元。而2014年以来逐渐回落至10万元。考虑到借款金额可能呈现右偏分布,平均值可能受到个别极大值的影响,图4-4进一步展示了2000—2018年各个月度实际

---

① 西藏自治区(15份)、青海省(116份)和海南省(355份)的判决书数量较少,其统计结果有较大的不确定性,这3个省(自治区、直辖市)与其他省(自治区、直辖市)在比较时可能存在偏误。

② 数据来源是司法文书数据,数据处理过程请见本章数据来源和数据描述部分。这里已剔除样本中2%的线上平台借贷数据子样本。本节下文数据来源同,不再赘述。

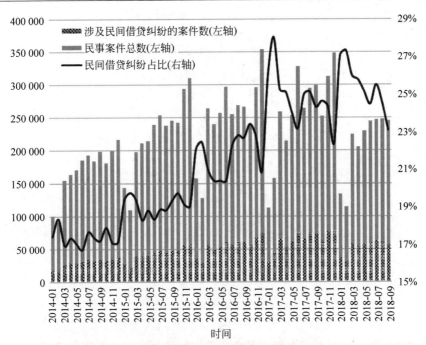

图 4-2 2014—2018 年基层法院审理民间借贷纠纷案件数与民事案件总量

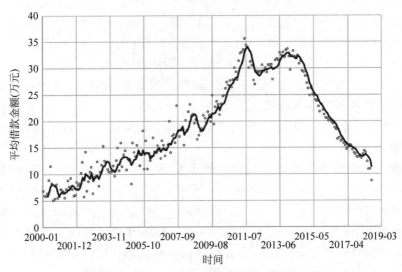

图 4-3 2000—2018 年民间借贷平均借款金额

发生的借款金额中位数变化趋势。中位数在 2 万元至 10 万元,2000 年为 2 万元,2011 年至 2015 年上升至 10 万元,然后逐渐回落至 2018 年的 4 万元。

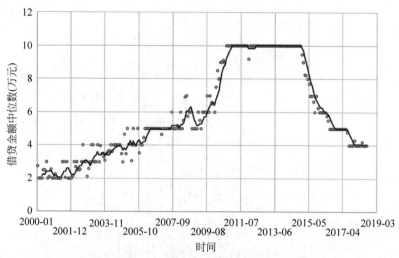

图 4-4 2000—2018 年民间借贷金额中位数

对比我国民间私人借贷市场与其他非正规金融市场发现，私人借贷市场的单笔借贷规模具有相当的经济含义。**我国民间私人借贷市场的借款金额较大，高于同时期网络借贷平台的借贷和现金贷平台的消费信贷**。其中，同时期网络借贷的平均值为 9 万元左右[①]，现金贷消费信贷的平均借款金额为 3000 元左右[②]。上文 3.2.2 节的典型事实显示，实际上大额借款的主要用途在于生产。虽然样本存在一定选择性偏差，但是不可否认的是，民间借贷市场上确确实实存在大量合法的大额生产型借款。

从借贷利率来看，**近年来我国民间借贷的有息借贷约定借款利率呈现先升后降再升的总体趋势**。图 4-5 中的散点展示了 2000—2018 年各个月度实际发生的有息贷年化利率均值，折线代表前后 5 个月移动平均值。2000 年我国民间借贷有息贷的平均利率是 15% 左右，之后逐年上升直到 2011 年年化利率超过 24%。之后的 2012 年和 2013 年两年，借贷利率在 24.5% 左右的高位维持。从 2013 年开始，之后三年的借贷利率都呈现下降趋势，2016 年回落至 20.5%。然而从 2017 年开始，借贷利率又呈现小幅回升态势，2018 年利率回升到 22.5% 左右。**2013 年以来民间借贷利率回落与回升的趋势可能与网贷平台等新型融资模式的兴起与衰落有关**。2013 年开始，网贷平台兴起，其可能代替了民间私人借贷市场的部分资金需求，

---

① 具体参见：https://www.weiyangx.com/107275.html。
② 具体参见：https://www.weiyangx.com/251360.html。

使得民间借贷利率明显下降。而从 2016 年开始,伴随着对网贷平台的监管与规范,被替代的需求又回到了私人借贷市场,造成了民间借贷利率的回升。当然,这仅是一个猜测,本书第 6 章将对此作出严谨的实证分析。

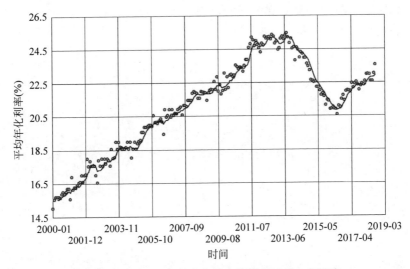

图 4-5　2000—2018 年发生的有息借贷平均年化利率

有息贷利率反映民间借贷市场供给需求,在有息贷之外,我国民间借贷市场中还存在大量零息贷。近年来,我国民间借贷中零息贷的比例没有出现明显上升或者下降趋势,稳定在六成左右。图 4-6 的散点展示了 2000—

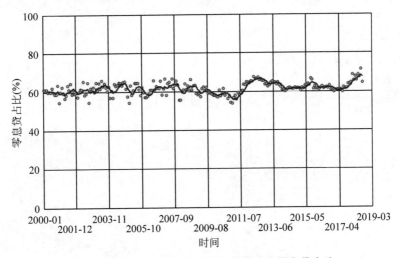

图 4-6　2000—2018 年发生的民间借贷中零息贷占比

2018年各个月度实际发生的民间借贷中零息借贷占比,折线仍然代表前后5个月移动平均值。不难看出,零息贷比例并未出现明显上升或者下降趋势。后文的实证章节能够对此提供一定的解释:第5章和第6章回归结果发现,零息贷一般不受宏观因素的影响;第7章发现,零息贷主要受到来自借贷双方社会关系紧密程度的微观因素影响。

第 5 章　正规金融对民间借贷利率的影响
——以银行和小贷公司为例

5.1　引　　论

前文利用司法文书另类数据对近年来我国民间借贷市场的总体特点和变化趋势进行分析,为本研究实证问题的提出打下了良好基础。从本章开始,我们探讨民间借贷利率的影响因素。本章从正规金融发展的视角,对此问题进行分析。过去 30 年,金融发展对实体经济的影响一直是广受学术界关注的经典问题(Levine,1997;Levine et al.,2021;Jeong & Townsend,2007)。有大量的文献表明,金融发展,特别是以银行为代表的正规金融发展,在实体经济中发挥着重要作用(Dabla-Norris et al.,2021;Ji et al.,2021)。

利率是连接金融发展与实体经济的桥梁:从生产的角度来看,金融发展通过利率来调整资源分配,从而影响经济体的生产效率和生产总量;从消费的角度来看,金融发展通过降低利率来缓解消费者融资约束,从而影响消费总量和消费者福利。因此,利率在宏观政策制定中扮演的角色是至关重要的。在实证上有待解决的问题是,金融发展是否有效降低了每一个微观主体面临的利率? 换言之,金融发展是否能够促进民间借贷的利率降低?

在我国正规金融近年来取得快速发展的背景下,回答这个问题尤为重要。改革开放以来,伴随着我国地区金融的扩张与深化,银行不断增加网点机构,城市商业银行、村镇银行纷纷成立,"小贷公司阳光化"等支持政策不断落地。伴随着正规金融的发展,民间借贷市场的资金需求是否获得充分吸收? 民间借贷利率能否得到有效调节? 调节程度受到哪些因素的影响? 本章将对这些问题进行回答。

以往文献受限于数据可得性,对此类问题的研究十分匮乏。现有文献[1]

---

[1]　参见邱新国、冉光和(2017)的预测。据笔者查阅文献所知,这是目前使用全国横截面数据对我国民间借贷市场利率进行分析的唯一文献。

在检验民间借贷利率是否受到地方正规金融市场规模的影响时,以省级层面的抽样调查数据代表民间借贷加权平均利率,缺乏一定科学性。

  本章的第一个贡献在于,首次使用微观层面借款数据,为地方金融发展程度促进民间借贷利率降低提供了可靠的实证支持。目前该领域的实证文献主要是围绕温州的样本数据并运用时间序列分析方法展开的[①]。这类方法得益于中国人民银行温州支行自2003年开始统计的温州利率月度指数和温州民间金融资金交易季度指数。但这类研究的样本范围仅局限于温州地区,不足以反映全国民间利率水平。例如,张雪春等(2013)发现温州市民间借贷市场利率低于全国平均利率水平,同时温州市的金融发展程度远高于全国平均水平,但是无法检验二者在事实层面的关联性,本书使用的司法文书大数据克服了既有数据的局限性,填补了现有研究的空白。

  本章的第二个贡献是首次利用借款层面的微观数据论证了民间借贷利率受到正规金融利率的影响,为二者的同向波动趋势提供了实证支持。受限于数据可得性,现有文献只能利用宏观层面的时间序列变量进行检验,而本章对此给出了微观层面的证据。贷款的机会成本受借入者所从事的生产经营活动的预期收益率、通货膨胀率和正规金融利率等因素的影响,这三者与民间借贷利率成正比;在其他条件不变的情况下,它们上升的幅度越高,民间借贷利率也越高,反之则越低。

  本章的第三个贡献是为民间借贷市场利率规范提供了启发,具有一定实践意义。首先,建立了民间借贷利率与正规金融市场利率的联系。在行业实践中,根据《最高人民法院关于审理民间借贷案件适用法律若干问题的规定》,民间借款利率上限参照正规金融市场上的利率报价进行调整,但是民间借贷利率是否会随着利率上限的调整而产生变化?敏感性如何?这些问题都有待探究。因此,无论是从理论上还是从行业实践上来看,要验证正规金融市场利率与民间借贷利率的同向关系,仍需要更扎实的实证依据。

  5.2节给出数据描述,5.3节提出研究假设与实证设计,5.4节是主要实证结果、异质性检验和稳健性检验,5.5节对主要实证结果进行因果识别,5.6节对本章内容进行总结。

[①] 周明磊、任荣明(2010)利用计量模型对温州地区民间借贷利率与正规金融深化程度间的关系作定量分析,发现正规金融信贷规模与民间借贷利率间相互影响为滞后一期。张雪春等(2013)虽然提出了温州的金融深化程度较高从而降低了该地区民间借贷市场利率的观点,但是受限于数据可得性,该文没有进一步进行横截面分析。

5.2 数 据 描 述

本章涉及的数据包括以下四个部分:(1)民间借贷微观数据;(2)地区经济与社会发展数据;(3)正规金融市场利率数据;(4)县域层面宏观经济数据。

5.2.1 民间借贷微观数据

对第 3 章中民间借贷样本作如下处理:(1)选取民间借贷借款发生时间为 2007—2016 年的样本。2007 年之前的案例较少,2016 年之后网络借贷等非正规金融模式出现,为排除网贷对民间借贷可能造成的影响,本章仅分析 2016 年前的样本;(2)为排除数据异常值可能引起的偏差,剔除有息贷借款样本借款利率最高和最低的 1%。同时对借款金额、借款期限、借贷双方年龄这些连续变量作 1% 的缩尾处理;(3)为排除平台风险可能对借款条约产生的影响(向虹宇等,2019),剔除全部通过平台达成民间借贷协议的 1.2 万个平台借贷案例(占全部样本的 0.04%);(4)为排除企业等其他非个人主体借贷行为中企业以及行业属性对借贷利率造成的干扰,删除借贷双方任意一方属性不是个人的样本。最终进入实证分析的判决书数量为 630 153 份。

本章使用的微观变量数据主要包括四种类型:(1)借款时间,即借款发生的日期;(2)借款地址,即借款发生所在的地区(具体到城市和县域层面);(3)借款条约,包括借款利率、借款金额、借款期限、是否有担保人、借款用途、借款途径;(4)借款双方特征,包括借款双方是自然人还是法人身份,以及借款双方是自然人情况下的性别与年龄等。

表 5-1 给出了单笔借款的变量描述。其中,平均借款利率(r)和有息贷借款利率(PIR)作为被解释变量,是本书的核心研究变量。表 5-1 前三行展示了民间借贷利率样本数据的描述性统计,有息贷年化利率的平均值为 22.42%。有息贷利率的中位数是每年 24%(月利二分)。利率的最大值是每年 54%,约合月利四点五分;利率最小值 4.05%,约合月利零点三四。约 60% 的借款合约是零息贷(ZIR),综合零息贷样本之后的全样本平均年化利率(r)的平均值是 8.26%。

本章把借款用途(CON)划分为两大类:生产经营类($CON=0$)和消费生活类($CON=1$)。93.74% 的民间借贷的资金需求用于从事生产经营,

6.26%的民间借贷的资金需求用于消费生活。除借款利率和借款用途外,核心借款条款还有借款金额。借款金额(amount)样本呈右偏分布:样本平均值是30.61万元,但是中位数只有10万元,样本最小值为3800元,样本最大值为500万元。在实证分析中对借款金额这一变量采取对数化处理。表5-1第6行显示,对数化后的借款金额(lgamt)样本平均值为2.35,基本等于样本中位数2.30。从借款期限来看,每笔借款的平均期限为219天。

表 5-1 借款层面的描述性统计(N=630 153)

变量名	变量定义	均值	标准差	最小值	中位数	最大值
PIR	非零息贷的年化利率(%)	22.42	9.70	4.05	24.00	54.00
ZIR	是否为零息贷(是=1)	0.602	0.457	0	1	1
r	约定借款利率(%)	8.26	11.01	0	0	54.00
CON	是否用于消费(是=1)	0.06	0.24	0	0	1
$amount$	借款金额(万元)	30.61	63.05	0.38	10.00	500.0
$lgamt$	借款金额对数	2.35	1.41	−0.97	2.30	6.22
$term$	借款期限(天)	219.0	195.4	6	180	1095
age_lender	出借方的年龄	43.84	10.50	23	43	73
$age\_borrower$	借款方的年龄	41.21	9.26	22	41	65
sex_lender	出借方的性别(男=1)	0.72	0.45	0	1	1
$sex\_borrower$	借款方的性别(男=1)	0.83	0.38	0	1	1
$collateral$	是否有担保(是=1)	0.30	0.46	0	0	1

从借款双方的人口特征来看,以中年男性为主。72%的出借人是男性(sex_lender),83%的借款人是男性($sex\_borrower$)。借款年龄定义为该笔借款协议签订时,借贷双方若为个体,则其在该借款年度对应的年龄。出借人平均年龄(age_lender)43.84岁,借款人平均年龄($age\_borrower$)41.21岁。从借款合同是否涉及担保($collateral$)来看,有30.0%的借款合同中明确存在担保人或者担保公司。

5.2.2 地区经济与社会发展数据

针对每一笔借款,本书从时间和截面两个维度进行地区宏观数据匹配。从时间维度来看,样本中借款发生在2007—2016年,因此需要使用2006—2015年的地方经济与社会发展数据进行匹配。从截面维度来看,本章使用的样本借款发生地区分布在30个省份的284个地级市。为保证匹配水平的精准性,选择地级市水平进行数据匹配。数据主要来自国泰安数据库

(CSMAR)中的区域经济板块,以及《中国统计年鉴》《中国城市统计年鉴》《中国区域经济统计年鉴》《中国住户调查年鉴》《中国区域金融运行报告》。

表 5-2 和表 5-3 展示了民间借贷发生地 284 个地级市 2006—2015 年的地级市经济发展和金融发展的数据变量。表 5-2 汇报了各个变量的定义,表 5-3 汇报了各变量的描述性统计。

表 5-2 宏观变量定义

变量名	变量描述
FIN	人均贷款余额与人均地区生产总值之比
$BC1$	金融机构网点密度(每万人网点数)
$BC2$	金融机构网点密度(每平方千米网点数)
gdp	人均地区生产总值(万元)
inc	人均可支配收入(万元)
con	人均社会消费品零售额(千元)
edu	人均地方财政教育支出(千元)
wag	工资(万元)
fst	第一产业占比(%)
snd	第二产业占比(%)
trd	第三产业占比(%)
gth	地区生产总值增长率(%)
urb	城镇化率(%)
cpi	价格指数同比(上年=100)
pop	户籍人口(百万)
inf	每万平方千米小贷公司数量

表 5-3 宏观变量描述性统计($N=2544$)

变量名	平均值	标准差	最小值	中位数	最大值
FIN	0.876	0.508	0.118	0.719	5.305
$BC1$	1.571	0.276	0.957	1.537	2.380
$BC2$	0.059	0.079	0.0013	0.043	0.822
gdp	4.955	4.935	0.510	3.415	52.22
inc	2.105	0.579	1.193	2.003	5.899
con	17.37	16.21	1.253	12.45	145.8
edu	1.286	0.937	0.285	1.096	10.79
wag	4.055	1.538	0.422	3.949	13.50
fst	12.79	7.980	0.030	11.94	49.89

续表

变量名	平均值	标准差	最小值	中位数	最大值
snd	48.92	10.27	14.95	49.37	89.34
trd	38.29	9.306	10.15	37.23	80.23
gth	11.22	7.536	−19.42	10.33	31.56
urb	52.64	17.40	7.079	49.57	100
cpi	107.9	3.510	100.9	107.1	119.0
pop	4.444	3.129	0.195	3.775	33.92
inf	38.52	47.79	0.404	30.25	560.8

本章整理了上述 284 个地级市在 2006—2015 年的地方数据。其中，金融机构贷款余额、地区生产总值总量及各产业占比、人口和工资、社会消费品零售总额、地方财政支出数据均来自国泰安数据库的区域经济板块。为提高数据的准确性，将国泰安数据库中的数据与笔者手工整理的《中国区域经济统计年鉴》和《中国城市统计年鉴》的数据进行了交叉校验，修正明显存在错误的数据。

对于人均可支配收入、消费价格指数、住宅销售收入这几个数据存在的缺失，使用该地级市所在省份的人均可支配收入来替代，该数据同样来自国泰安数据库的区域经济板块。为确保数据无误，进一步将国泰安数据库与《中国住户调查年鉴》《中国区域经济统计年鉴》数据作交叉对比，修正存在明显偏误的观测值。

在稳健性检验中使用各区域所在省份的银行类金融机构网点密度来度量地方金融发展程度。其中，银行类金融机构地方网点数量根据各省份各年度公布的《中国区域金融运行报告》整理；各省份常住人口数量和占地面积的数据根据各年度《中国统计年鉴》整理。

表 5-3 第 1 行汇报了作为金融发展主要度量指标的变量，定义为人均金融机构贷款余额与人均地区生产总值之比（FIN）。该指标在 284 个地级市 2006—2015 年的平均值为 0.876。此外，表 5-3 第 2 行和第 3 行汇报了作为金融发展次要度量指标的网点密度，样本中每万人拥有的金融机构网点数量（$BC1$）平均值为 1.571 个，每平方千米的网点数量（$BC2$）平均值为 0.059 个。

表 5-3 经济发展指标的度量变量有五个：人均地区生产总值（gdp）的样本平均值为 4.955 万元，人均可支配收入（inc）的样本平均值为 2.105 万

元,人均社会消费品零售额(con)的样本平均值为 1.737 万元,人均地方财政教育支出(edu)的样本平均值为 0.1286 万元,工资(wag)的样本平均值为 4.055 万元。根据国家统计局的定义,上述变量中的人均概念均是户籍人口的口径,户籍人口(pop)的样本均值为 444.4 万人。

除此以外,地区生产总值增长率(gth)的样本平均值为 11.22%;第一产业占地区生产总值比重(fst)的样本平均值为 12.79%,第二产业占地区生产总值比重(snd)的样本平均值为 48.92%,第三产业占地区生产总值比重(trd)的样本平均值为 38.29%;城镇化率(城镇常住人口占总常住人口的比例,urb)的样本平均值为 52.64%。城市价格指数同比(cpi)上年(上年=100)的样本均值为 107.9。

由于这些地市级的经济发展指标作为解释变量和控制变量出现在后文的回归分析中,下文将进一步对这些变量进行相关性分析。表 5-4 汇报了地级市城市发展指标的相关系数。首先可以观察到,各个指标与核心解释变量金融发展指标(FIN)的相关系数均在 0.50 以内,上述指标中的任意一个作为控制变量与核心解释变量同时出现在回归方程中的时候,不存在多重共线性问题。其次,从表 5-4 中还可以观察到,人均可支配收入(inc)、工资(wag)、人均地方财政教育支出(edu)、人均社会消费品零售额(con)这四个指标与人均地区生产总值(gdp)均呈现显著正相关关系,相关系数均超过 0.5。因此,如果同时将该四个指标中的任意一个与人均地区生产总值(gdp)同时放入回归方程中,会出现自变量多重共线性的问题。这四个指标从不同层面,即收入、消费以及教育支出的角度,刻画了城市的经济发展水平,因此,分别用这四个指标代替人均地区生产总值(gdp)指标进行回归,可以检验回归结果的稳健性。

5.2.3 正规金融市场利率数据

参考郭豫梅等(2016)正规金融市场利率的数据选择贷款利率和货币市场利率来进行度量。其中,贷款加权平均利率数据来自中国人民银行发布的各季度《中国货币政策执行报告》。货币市场利率 Shibor(上海银行同业拆放利率)数据来自 CFETS 官网。Shibor 作为中国货币市场基准利率已经得到市场认可[1],可以较好地反映正规金融市场融资成本的变化。

---

[1] 参见:https://www.reuters.com/article/zhaesmb19088-idCNSB208240320121102。

表 5-4 地区经济与社会发展指标的相关系数矩阵

变量名	FIN	gdp	gth	fst	snd	pop	inc	con	edu	wag	cpi	urb
FIN	1											
gdp	0.29***	1										
gth	−0.16***	−0.14***	1									
fst	−0.31***	−0.59***	0.07***	1								
snd	−0.39***	0.10***	0.12***	−0.47***	1							
pop	0.08***	−0.03	0.05**	−0.02	−0.16***	1						
inc	0.16***	0.52***	−0.14***	−0.34***	−0.08***	0.17***	1					
con	0.45***	0.91***	−0.19***	−0.60***	−0.09***	0.09***	0.51***	1				
edu	0.38***	0.86***	−0.21***	−0.48***	−0.06**	−0.01	0.44***	0.80***	1			
wag	0.35***	0.51***	−0.26***	−0.42***	−0.04*	0.12***	0.30***	0.44***	0.46***	1		
cpi	−0.09***	−0.06***	0.47***	0.05**	0.07***	0.00	−0.12***	−0.12***	−0.16***	−0.18***	1	
urb	0.49***	0.67***	−0.16***	−0.62***	0.05**	−0.05**	0.39***	0.71***	0.60***	0.41***	−0.07***	1

注：*** 表示在 1% 水平下统计显著，** 表示在 5% 水平下统计显著，* 表示在 10% 水平下统计显著。

第 5 章　正规金融对民间借贷利率的影响——以银行和小贷公司为例

针对每一笔借款,从时间维度匹配正规金融市场利率。不同于城市发展数据的年度匹配,考虑到利率的波动性较大,将匹配精确度提高到日。针对样本中的每笔借款,匹配该笔借款发生当日的正规金融市场利率。表 5-5 展示了样本借款发生期间各正规金融市场利率变量的描述性统计。表 5-5 显示,利率变量有 3130 个观测值,这说明借款日期发生在 2006—2015 年中的 3130 天。这期间,贷款加权平均利率的样本均值为 6.588%,上海银行间同业 6 个月拆放利率($s6m$)的样本均值为 4.032%,上海银行间同业 9 个月拆放利率($s9m$)的样本均值为 4.071%,上海银行间同业 1 年期拆放利率($s1y$)的样本均值为 4.143%。

表 5-5　同期正规金融市场利率($N=3130$)

变量名	变量描述	均值	标准差	最小值	中位数	最大值
$s9m$	上海银行间同业拆放利率(9 个月)	4.071	0.885	2.060	4.270	5.250
$s6m$	上海银行间同业拆放利率(6 个月)	4.032	0.917	1.910	4.220	5.524
$s1y$	上海银行间同业拆放利率(1 年)	4.143	0.859	2.250	4.400	5.256
avg	贷款加权平均利率	6.588	0.764	5.440	6.460	7.970

5.2.4　县域层面宏观经济数据

在 5.5 节因果识别的实证设计中,使用到县域层面的宏观经济数据。县域层面的宏观数据匹配方式与城市层面相同:针对每一笔借款,从时间和截面两个维度进行地区宏观数据匹配。县域层面的变量定义见表 5-6,描述性统计见表 5-7。表 5-7 第 1 行和第 2 行分别汇报了每个县域各年度新增小贷公司个数(MFI_count_new)和新增小贷公司的注册资本总额($MFI\_capital\_new$),2009—2017 年样本县域的平均年度新增笔数为 1.608,平均年度新增注册资本 1.5 亿元人民币。

除此以外,表 5-7 展示了各个县域的银行贷款余额,以及其他经济发展的度量变量:人均地区金融机构贷款余额($finance\_capita\_county$)的样本平均值为 5.121 万元,人均 GDP(gdp_capita_county)的样本平均值为 5.353 万元,人均可支配收入($income\_county$)的样本平均值为 2.283 万元,人均社会消费品零售额($retailsale\_county$)的样本平均值为 1.838 万元。根据国家统计局的定义,上述变量中的人均概念均是户籍人口的口径,户籍人口(pop_county)的样本均值为 60.95 万人。

表 5-6 县域层面宏观数据的变量定义

变 量 名	变 量 描 述
MFI_count_new	该县该年度新设立小贷公司个数
$MFI\_capital\_new$	该县该年度新设立小贷公司注册资本总额(万元)
$finance\_capita\_county$	人均金融机构贷款余额(万元)
gdp_capita_county	人均GDP(万元)
pop_county	户籍人口(万)
$income\_county$	人均可支配收入(万元)
$retailsale\_county$	人均社会消费品零售额(千元)
$teacher\ student$	教师数/学生数
$urbanrate\_county$	城镇化率(%)

表 5-7 县域层面宏观数据的变量描述性统计($N=9482$)

变 量 名	均值	标准差	最小值	中位数	最大值
MFI_count_new	1.608	2.915	0	1	9
$MFI\_capital\_new$	15 240	41 312	0	7000	1 403 000
$finance\_capita\_county$	5.121	7.698	0	2.281	94.42
gdp_capita_county	5.353	4.764	0.149	3.940	51.73
pop_county	60.95	33.29	2.680	54.00	158.3
$income\_county$	2.283	0.602	0.844	2.186	4.978
$retailsale\_county$	18.38	17.24	0.477	12.55	157.7
$teacher\ student$	0.150	0.966	0.017	0.072	17.30
$urbanrate\_county$	44.05	12.19	17.58	41.88	98.98

5.3 研究假设和实证设计

5.3.1 研究假设

文献中关于地方金融发展程度对民间借贷利率的影响取决于两个方面:一方面,从需求侧看,地方金融发展程度更高时,正规金融能够吸纳更多的融资需求,民间借贷需求会降低,从而降低民间借贷市场的均衡利率。反之,当地方金融发展程度较低时,更多的融资需求被正规金融市场挤出,这部分需求会释放到非正规的民间借贷市场中,从而拉升民间借贷市场的利率。另一方面,从供给侧看,地方金融发展会吸纳更多的资金到正规金融市场,导致民间借贷市场上的供给下降,从而拉升民间借贷市场利率。最终

的影响方向取决于需求侧和供给侧的共同作用,需要实证分析来验证。基于此,提出第一个研究假设:

H1:地方金融发展越发达,民间借贷利率越低。

其次是正规金融市场利率对借款利率的影响。正规金融市场利率下降导致货币的机会成本下降,从而使得民间借贷市场的供给增加,最终结果是民间借贷利率下降。多数文献认为,正规金融市场利率变化与民间借贷利率具有一致的波动趋势。也有文献提出了存在相反方向的可能性,例如,Ngalawa 和 Viegi(2013)论证了在既定的货币政策冲击下,正规与非正规金融市场上的利率也可能走势相反。正规与非正规金融市场上的利率走势是否具有同向性,在理论上没有明确定论。基于此,提出第二个研究假设:

H2:正规金融利率越高,民间借贷市场的利率越高。

5.3.2 实证设计

将借款利率作为被解释变量,将借款地区上一年度的金融发展程度、借款发生当日的正规金融市场利率水平这两个变量作为核心解释变量,构建如下滞后双向固定效应回归模型[见式(5-1)]:

$$y_{ict} = \beta_1 FIN_{ct-1} + \beta_2 s9m_t + \gamma X_{ict} + \vartheta \sigma_{ct-1} + \mu_t + \theta_c + \varepsilon_{ict} \quad (5-1)$$

其中,下标 i 表示单笔借款,下标 c 表示单笔借贷发生的城市,下标 t 表示单笔民间借贷发生的年份或者日期。回归模型的因变量是民间借贷利率。核心解释变量有两个,第一个是地区金融发展指标(FIN_{ct-1}),该变量前的系数 β_1 是研究假设 H1 所关心的系数。该解释变量表示借贷发生地区 c 在借贷发生前一年度($t-1$ 时期)对应的金融发展程度。参照林毅夫、孙希芳(2008),将具体度量指标设置为人均金融机构贷款余额与人均地区生产总值之比。在稳健性检验中参考李建军等(2020),将金融发展程度的度量指标分别替换为金融机构网点的人均密度($BC1_{ct-1}$)和面积密度($BC2_{ct-1}$)进一步验证。

第二个核心解释变量是正规金融利率($s9m_t$),这个变量前的系数 β_2 是研究假设 H2 所关心的系数。文献中较多采取金融机构一年期加权平均贷款利率作为正规金融利率的测度变量(郭豫媚等,2016)。考虑到加权平均贷款利率存在滞后性,不能及时反映正规金融市场的融资成本变化,同时采用上海银行间同业拆放利率(Shibor)作为正规金融市场利率指标。在主回归中采用上海银行间同业 9 个月拆放利率(与样本借款平均期限最为接近)作为正规金融市场利率的核心度量指标。在稳健性检验中,替换不同期限的上海银行间同业拆放利率进行检验。

为避免回归结果受到其他影响民间借贷利率的地方宏观因素的干扰，参考张雪春等(2013)，加入城市层面宏观控制变量 σ_{ct-1}。最主要的控制变量是地方经济和社会发展指标。这是因为，经济发展同时对解释变量和被解释变量有直接影响。一方面，经济发展和金融发展二者有正相关关系(李建军等，2020)。另一方面，经济发展本身对利率有影响：从需求侧看，地方经济发展推动该地区的融资需求，从而提高民间借贷市场上的利率；从供给侧看，地方经济发展伴随着该地区收入水平的提升，游离状态的民间闲散资金数量增多，民间借贷市场上的供给相应也会增加，从而降低民间借贷市场利率。因此，要探究金融发展对利率的影响，必须控制经济发展的因素。参考邱新国、冉光和(2017)，使用人均地区生产总值(gdp_{ct-1})度量地区经济发展水平。表5-4的相关性分析表明，人均可支配收入(inc_{ct-1})、人均社会零售品销售额(con_{ct-1})、工资(wag_{ct-1})和人均地方财政教育支出(edu_{ct-1})都与地方经济发展指标高度正相关，也可以作为经济发展程度的度量。

此外，控制变量 σ_{ct-1} 还包括城镇化率($urban_{ct-1}$)，消费价格指数(cpi_{ct-1})，地方经济增长率指标(gth_{ct-1})，以及第一产业和第二产业占比指标(fst_{ct-1}，snd_{ct-1})。

为排除被解释变量和解释变量同时受到时间序列层面的宏观因素波动影响，对该回归模型进行年度固定效应处理(在上述回归方程中用 μ_t 表示)。为完全排除其他不可观测到的地区特征同时影响民间借贷利率和地方金融发展，加入了省份固定效应(在上述回归方程中用 θ_c 表示)。

回归模型中的 X_{ict} 代表影响借款约定利率的其他约定条约，具体包括：借款金额的对数及其平方($lgamt_{it}$，$lgamt2_{ict}$)；出借人性别(sex_lender_{ict})；借款人性别($sex\_borrower_{ict}$)；出借人年龄及其平方(age_lender_{ict}，$age\_lender2_{ict}$)；借款人年龄及其平方($age\_borrower_{ict}$，$age\_borrower2_{ict}$)；借款期限($term_{ict}$)；是否有担保($collateral_{ict}$)。

5.4 实证结果

5.4.1 主要回归结果

表5-8汇报了式(5-1)的回归结果。首先，对于假设H1来说，地区金融发展变量(FIN)前的系数是主要关心的系数。表5-8第(1)列控制了省份固定效应，这是因为，虽然我们尽可能控制了地方经济变量以及宏观因素的

影响,但是并不排除某些未观测到的地方经济因素会同时影响地方金融发展与民间借贷利率,控制省份固定效应可以捕捉省份的个体异质性特征。结果表明,在不加入借款层面控制变量以及城市固定效应时,金融发展程度对民间借贷利率呈显著的负向作用。第(2)列结果表明,在加入了借款层面控制变量后,金融发展程度对民间借贷利率的负向作用依然显著。第(3)列和第(4)列在第(1)列和第(2)列的基础上将省份固定效应替换为城市固定效应。结果显示,前一年度地方金融发展程度的上升可以显著降低下一年度地方民间借贷利率。实证结果支持了研究假设 H1。

表 5-8 正规金融发展对民间借贷利率影响的回归结果

变量名	(1) r	(2) r	(3) r	(4) r
FIN	-0.518*** (-14.291)	-0.525*** (-4.248)	-0.521*** (-12.328)	-0.529*** (-2.592)
$s9m$	0.904*** (19.942)	0.886*** (8.877)	0.966*** (15.248)	0.752*** (5.387)
gdp	-0.042*** (-9.953)	-0.083*** (-4.167)	-0.036*** (-8.908)	-0.027*** (-3.255)
urb	-0.029*** (-8.211)	-0.009*** (-5.038)	-0.019*** (-7.486)	-0.013*** (-3.425)
cpi	-0.189*** (-9.815)	-0.100*** (-2.998)	-0.019*** (-8.657)	-0.023*** (-2.605)
fst	0.021*** (10.855)	0.020*** (3.385)	0.021*** (9.873)	0.23*** (2.587)
snd	-0.009*** (-12.557)	-0.009*** (-2.615)	-0.001*** (-10.118)	-0.008** (-2.141)
gth	0.019*** (10.214)	0.018*** (2.995)	0.019*** (8.827)	0.019*** (3.198)
$age\_borrower$		0.005 (0.021)		0.091 (0.373)
$age\_borrower2$		-0.000 (-0.092)		-0.001 (-0.434)
age_lender		0.472*** (2.622)		0.445** (2.343)
$age\_lender2$		-0.005** (-2.521)		-0.005** (-2.214)

续表

变量名	(1) r	(2) r	(3) r	(4) r
$sex\_borrower$		1.031		0.840
		(1.522)		(1.173)
sex_lender		0.699		0.559
		(1.171)		(0.874)
$Baseline\ Mean$	8.675	8.898	8.554	8.582
$BIN\ FE$	No	Yes	No	Yes
$Year\ FE$	Yes	Yes	Yes	Yes
$Province\ FE$	Yes	Yes	No	No
$City\ FE$	No	No	Yes	Yes
N	630 153	630 153	630 153	630 153
$adj.\ R\text{-}sq$	0.026	0.098	0.131	0.192

注：括号中的是 t 值，采用省级聚类稳健标准误计算；*** 表示在1%水平下统计显著，** 表示在5%水平下统计显著，* 表示在10%水平下统计显著；$Baseline\ Mean$ 指回归样本因变量均值；$BIN\ FE$ 指借款类型固定效应，借款类型按照金额是否超过所在城市借款年度借款金额中位数(×2)、是否约定期限(×2)、是否约定抵押品(×2)、是否用于消费(×2)分为16组；$Year\ FE$ 指借款发生的年度固定效应；$Province\ FE$ 指省级层面固定效应；$City\ FE$ 指地级市层面固定效应。

其次，对于假设H2而言，正规金融市场利率变量($s9m$)前的系数是主要关心的系数。第(1)列至第(4)列结果显示，该变量前的系数显著为正，且回归系数接近1，说明民间借贷市场的利率与正规金融市场利率呈现共振的波动趋势。值得注意的是，在控制了年度固定效应后，共同波动的趋势依然显著。这说明，民间借贷市场利率与正规金融市场利率在各个年度内部依然是高度相关的。在控制了地方固定效应之后，该系数依然显著，说明即便各地区的民间借贷利率有差异，也受到了正规金融市场利率的显著影响。实证结果支持研究假设H2。

接下来的一个问题是，**地区正规金融发展的水平对民间借贷利率的影响，是通过降低有息贷利率，还是通过提高零息贷占比？**为了回答这个问题，使用有息贷样本对式(5-1)进行估计，因变量是有息贷年化利率(PIR)。回归结果在表5-9的第(2)列和第(5)列中展示。

可以发现，金融发展变量前的系数显著为负，说明正规金融发展促进了民间借贷利率的降低。从经济意义来看，在控制城市固定效应后，地区的正规金融发展程度每增加一个标准差(0.505)，民间借贷利率下降73.3个基

第 5 章　正规金融对民间借贷利率的影响——以银行和小贷公司为例

表 5-9　正规金融对民间借贷利率影响的子样本回归结果

变量名	(1) 全样本 r	(2) 有息贷样本 PIR	(3) 零息贷 ZIR	(4) 全样本 r	(5) 有息贷样本 PIR	(6) 零息贷 ZIR
FIN	−0.525***	−1.505***	0.085	−0.529***	−1.451***	0.027
	(−4.244)	(−3.782)	(1.233)	(−2.592)	(−2.601)	(1.262)
Baseline Mean	8.152	22.342	0.612	8.323	23.193	0.621
Loan-level Controls	Yes	Yes	Yes	Yes	Yes	Yes
City-level Controls	Yes	Yes	Yes	Yes	Yes	Yes
Market Interest Control	Yes	Yes	Yes	Yes	Yes	Yes
Year FE	Yes	Yes	Yes	Yes	Yes	Yes
Province FE	No	No	No	No	No	No
City FE	Yes	Yes	Yes	Yes	Yes	Yes
BIN FE	Yes	Yes	Yes	Yes	Yes	Yes
N	630 153	264 664	630 153	630 153	264 664	630 153
adj. R-sq	0.098	0.118	0.012	0.192	0.203	0.023

注：括号中的是 t 值，采用省级聚类稳健标准误。(1)~(3) 列[(4)~(6) 列]计算在 5% 水平下统计显著，* 表示在 10% 水平下统计显著；Baseline Mean 指回归样本因变量均值；Loan-level Controls 指借款层面借贷双方的性别和年龄，以反映年龄借利率的平方项；City-level Controls 指城市层面上一年的经济金融宏观变量；Market Interest Control 指控制借贷当日的市场利率，即借款当日上海拆借利率；Year FE 指借款发生的年度固定效应；Province FE 指省级层面固定效应；City FE 指地级市层面固定效应；BIN FE 指借款类型固定效应，借款类型按照借款金额是否超过所在城市借款年度借款金额中位数（×2），是否约定抵押品（×2），是否约定期限（×2），是否用于消费（×2）分为 16 组。

点($-1.451\times0.505\approx-0.733$)。因此,地区正规金融发展对于民间借贷利率的降低,主要是通过有息贷利率。

进一步对零息贷占比作出分析,使用虚拟变量零息贷(ZIR)作为被解释变量对式(5-1)进行估计,回归结果在表 5-9 的第(3)列和第(6)列中展示,金融发展变量前的系数为正,但是统计上不具有显著性,说明正规金融发展与地区的零息贷占比并没有显著的关系。

对比分析各个回归结果后,可以得出如下结论:**地区正规金融发展水平对民间借贷利率的降低作用,主要体现在有息贷利率。换言之,只有在借贷双方决定收取利息的前提下,收取利息的高低才能够真实反映市场供给和需求的价格。**

这个结论是符合经济学直觉的,零息贷往往伴随着依托于社会关系的非货币形式的隐形成本,不足以反映市场化利率供需关系(Zeller,2006),本书第 7 章将对此问题进行展开讨论。因此,本章聚焦利率大于零的 26.5 万份有息借贷样本,对实证结果作进一步分析。

5.4.2 异质性检验

(1) 金融发展对于生产型民间借贷利率的影响更大

借款用途对借贷利率有显著影响。民间借贷用于消费生活的借款多是特殊事件急用,例如结婚、治病等,用于生产经营的借款需求多是扩大生产。对于出借人来说,借款用于消费是可以少要利息的;借款用于生产,出借人会要求更高的借款利率(金烨、李宏彬,2009)。针对有息贷样本对式(5-1)做回归分析,表 5-10 的回归结果显示,消费型贷款和生产型贷款的利率差异较大,生产型借款显著高于消费型借款。以第(4)列为例,在控制其他借款条约变量的情况下,同一个城市同年的消费型借款利率相比生产型借款利率,显著低 1.3 个百分点。那么,金融发展对于民间借贷的影响在生产型和消费型借款中有差异吗?

表 5-10　金融发展、借款用途对有息贷利率影响的回归结果

变量名	(1)	(2)	(3)	(4)
	PIR	PIR	PIR	PIR
FIN	-1.503^{***}	-1.750^{***}	-1.373^{*}	-1.451^{***}
	(-3.781)	(-4.381)	(-1.861)	(-2.602)
CON	-1.822^{***}	-1.779^{***}	-1.309^{***}	-1.304^{***}
	(-3.684)	(-3.412)	(-2.873)	(-2.471)

续表

变量名	(1) PIR	(2) PIR	(3) PIR	(4) PIR
Baseline Mean	23.761	22.988	22.568	22.177
City-level Controls	Yes	Yes	Yes	Yes
Market Interest Control	Yes	Yes	Yes	Yes
Year FE	Yes	Yes	Yes	Yes
Province FE	Yes	Yes	No	No
City FE	No	No	Yes	Yes
BIN FE	No	Yes	No	Yes
N	26 466	26 466	26 466	26 466
adj.R-sq	0.086	0.108	0.183	0.228

注:括号中的是 t 值,采用省级聚类稳健标准误计算;*** 表示在 1% 水平下统计显著,** 表示在 5% 水平下统计显著,* 表示在 10% 水平下统计显著;Baseline Mean 指回归样本因变量均值;City-level Controls 指城市层面上一年度的经济金融宏观变量;Market Interest Control 指控制借款当日的市场利率,即借款当日上海拆借利率;BIN FE 指借款类型固定效应,借款类型按照金额是否超过所在城市借款年度借款金额中位数(×2)、是否约定期限(×2)、是否约定抵押品(×2)分为 8 组;Year FE 指借款发生的年度固定效应;City FE 指地级市层面固定效应;Province FE 指省级层面固定效应。

为了回答上述问题,将有息贷借款分为生产型借款和消费型借款,分别对式(5-1)进行估计。回归结果在表 5-11 的第(2)列和第(3)列展示。从经济意义来看,对于生产型借款来说,地区的正规金融发展程度每增加一个标准差,民间借贷利率下降 115.2 个基点($-2.2802\times 0.505\approx -1.152$);对于消费型借款,地区的正规金融发展程度每增加一个标准差,民间借贷利率下降 57.6 个基点($-1.1411\times 0.505\approx -0.5763$)。综上所述,金融发展对于生产型借款利率的影响更大。

表 5-11　金融发展对有息贷利率影响的生产型/消费型子样本回归结果

变量名	(1) 有息贷样本 PIR	(2) 用于生产 PIR	(3) 用于消费 PIR
FIN	-1.750*** (-4.380)	-2.280*** (-2.541)	-1.141*** (-2.400)
gdp_capita	0.014** (2.161)	0.017 (1.402)	-0.000 (-0.001)

续表

变量名	(1) 有息贷样本 PIR	(2) 用于生产 PIR	(3) 用于消费 PIR
pop	−0.009***	−0.014***	−0.036**
	(−3.591)	(−3.517)	(−2.442)
cpi_urban	−0.000***	−0.000***	−0.000***
	(−4.318)	(−6.328)	(−4.893)
$lgamt$	−0.153***	−0.180**	0.093
	(−3.275)	(−2.361)	(0.325)
$lgamt2$	0.129***	0.132***	0.055
	(5.661)	(9.274)	(0.821)
$collateral$	2.934***	2.920***	3.094***
	(6.005)	(3.335)	(9.275)
$sex\_defendant$	0.179***	0.302***	0.255
	(3.181)	(3.384)	(0.775)
$sex\_plantiff$	0.538***	0.667***	1.334***
	(11.117)	(8.755)	(4.355)
$age\_defendant$	0.052***	0.043	0.043
	(2.833)	(1.462)	(0.397)
$age\_defendant2$	−0.001***	−0.001*	−0.000
	(−3.181)	(−1.742)	(−0.263)
$age\_plantiff$	0.121***	0.115***	0.323***
	(8.144)	(4.861)	(3.632)
$age\_plantiff2$	−0.002***	−0.0015***	−0.0040***
	(−9.864)	(−5.912)	(−4.081)
$Market\ Interest\ Control$	Yes	Yes	Yes
$Year\ FE$	Yes	Yes	Yes
$Province\ FE$	Yes	Yes	Yes
N	26 466	24 784	5802
$adj.R\text{-}sq$	0.108	0.106	0.099

注：*** 表示在1%水平下统计显著，** 表示在5%水平下统计显著，* 表示在10%水平下统计显著；$Market\ Interest\ Control$ 指控制借款当日的市场利率；$Year\ FE$ 指借款发生的年度固定效应；$Province\ FE$ 指省级层面固定效应。

(2) 东部区域金融发展对民间借贷利率的影响更大

对于假设 H1，提出下述问题：金融发展程度对于民间借贷利率的影响，在区域之间是否有异质性？为了回答这个问题，根据式(5-1)作区域交互项回归[见式(5-2)]：

$$PIR_{ict} = \beta_1 FIN_{ct-1} + \beta_2 region \times FIN_{ct-1} + \theta X_{ct-1} + \delta_t + \theta_c + \varepsilon_{ict} \tag{5-2}$$

其中，region 的定义是根据国家统计局的分类标准[①]，将借贷发生地所处地级市分为东部($region=0$)、中部($region=1$)、西部($region=2$)、东北部($region=3$)。$region \times FIN_{ct-1}$ 代表区域变量与金融发展系数的交互项。X_{ct-1} 表示地市层面的控制变量，包括人均地区生产总值、城镇化率、消费指数、地区生产总值产业结构和增长率。δ_t 表示时间固定效应，θ_c 表示区域固定效应。

表 5-12 展示了各区域子样本的回归结果。东部区域（基准组），金融发展对民间借贷利率的影响等于变量 FIN 的前系数。对于中部、西部和东北部区域($region=1; region=2; region=3$)而言，金融发展对民间借贷利率的影响是变量 $i.region \times FIN$ 前系数与变量 FIN 前系数之和。表 5-12 第(1)列显示，在控制了包括人均地区生产总值、地区生产总值结构以及增长率等其他经济发展因素后，对于各区域来说，金融发展程度增大对民间借贷利率的负效应显著。但是该显著性在不同区域的经济意义不同。对东部区域的边际影响最大，对东北部区域的边际影响最小。

为了更直观地表明地区层面的异质性。表 5-12 的第(2)～(5)列针对各个区域的子样本，使用式(5-2)进行检验。结果表明，金融发展对于民间借贷利率的边际影响最大的区域是东部区域，与邱新国、冉光和(2017)的回归结果一致，可能的原因是：东部地区的市场制度环境远优于中西部地区，中西部地区的正规金融机构对私人部门的资金支持力度要远小于东部地区。东部区域企业家创业精神相对浓厚(程锐，2016)，当创业者不被传统的金融市场所包容时，在创业环境的促使下，他们会选择将民间借贷市场作为一种选项，从需求侧抬高民间借贷市场的利率。相反，东北部地区的经济结构偏重第二产业的重工业企业，当创业者的融资需求未能从正规金融市场

[①] 参见：http://www.stats.gov.cn/ztjc/zthd/sjtjr/dejtjkfr/tjkp/201106/t20110613_71947.htm。

得到满足时,创业者有可能退出创业。未被正规金融市场满足的融资需求不能完全转化为民间借贷市场的需求,所以民间借贷市场利率对正规金融市场的敏感性相对不高。

表 5-12　金融发展对有息贷利率影响的区域子样本回归结果

变量名	(1) 全样本 PIR	(2) 东部 PIR	(3) 中部 PIR	(4) 西部 PIR	(5) 东北部 PIR
FIN	−0.955*** (−6.920)	−0.910*** (−3.124)	−0.631*** (−4.690)	−0.211** (−1.975)	−0.053 (−0.277)
1. region×FIN	0.520*** (5.971)				
2. region×FIN	0.627*** (9.201)				
3. region×FIN	0.893*** (5.742)				
City-level Controls	Yes	Yes	Yes	Yes	Yes
Market Interest Control	Yes	Yes	Yes	Yes	Yes
BIN FE	Yes	Yes	Yes	Yes	Yes
Year FE	Yes	No	Yes	Yes	No
Region FE	Yes	No	No	No	No
Province FE	No	Yes	Yes	Yes	Yes
N	26 466	14 516	5845	4793	1312
adj.R-sq	0.135	0.138	0.130	0.127	0.115

注:括号中的是 t 值,采用省级聚类稳健标准误计算;*** 表示在 1% 水平下统计显著,** 表示在 5% 水平下统计显著,* 表示在 10% 水平下统计显著;City-level Controls 指城市层面上一年度的经济金融宏观变量;Market Interest Control 指控制借款当日的市场利率,即借款当日上海拆借利率;BIN FE 指借款类型固定效应,借款类型按照金额是否超过所在城市借款年度借款金额中位数(×2)、是否约定期限(×2)、是否约定抵押品(×2)、是否用于消费(×2)分为 16 组;Region FE 指借款发生所在地区(东部、中部、东北部、西部)固定效应;Province FE 指省级层面固定效应。

5.4.3　稳健性检验

(1) 更换金融发展度量指标后结果依然稳健

采用地区的银行类金融机构网点密度,作为传统金融市场的发展程度指标。参考李建军等(2020)的做法,有两种度量网点密度的方法,一种是人均口径的密度,一种是面积口径的密度。首先使用网点的人均密度($BC1$)作为度量金融发展的指标,对式(5-1)进行回归,得到表5-13的前3列。然后使用网点的面积密度($BC2$)度量,得到表5-13后3列。回归结果显示,在控制了其他城市发展变量后,地方网点密度越大,下一年度的民间借贷约定利率越低。从经济意义来看,银行网点密度每提高1个标准差,民间借贷利率下降64~75个基点。上述稳健性检验说明,在替换了核心解释变量的度量方式后,假设H1依然成立。

表 5-13 以银行类金融机构网点密度为主要解释变量的回归结果

变量名	(1) PIR	(2) PIR	(3) PIR	(4) PIR	(5) PIR	(6) PIR
$BC1$	−2.264*** (−8.922)	−1.230*** (−3.412)	−0.695*** (−4.402)			
$BC2$				−9.524*** (−8.292)	−5.522*** (−2.821)	−3.376*** (−2.961)
Controls	No	Yes	Yes	No	Yes	Yes
BIN FE	Yes	Yes	Yes	Yes	Yes	Yes
Year FE	No	Yes	Yes	No	Yes	Yes
Province FE	No	No	Yes	No	No	Yes
N	264 664	264 664	264 664	264 664	264 664	264 664
adj. R-sq	0.014	0.043	0.078	0.025	0.043	0.078

注:括号中的是t值,采用省级聚类稳健标准误计算;***表示在1%水平下统计显著,**表示在5%水平下统计显著,*表示在10%水平下统计显著;Controls指城市层面上一年度的经济金融宏观变量以及借款当日的市场利率;BIN FE指借款类型固定效应,借款类型按照金额是否超过所在城市借款年度借款金额中位数(×2)、是否约定期限(×2)、是否约定抵押品(×2)、是否用于消费(×2)分为16组;Province FE指省级层面固定效应。

(2) 更换市场利率度量指标后结果依然稳健

使用上海银行间同业9个月拆放利率($s9m$)作为度量正规金融市场利率的指标,是因为该期限与样本的平均借款期限最为接近。现在将该利率指标进行期限替换,分别替换为6个月($s6m$)和1年($s1y$),对式(5-1)进行回归,回归结果分别对应表5-14的第(1)~(3)列和第(4)~(6)列。回归结果表明,正规金融市场前的利率系数依然显著为正。从经济意义来看,6个月利率指标($s6m$)前系数较9个月利率指标前系数有所降低,1年的利率指标($s1y$)前的系数与9个月利率指标差别不大。

表 5-14 改变市场利率度量指标后的回归结果

变量名	(1) PIR	(2) PIR	(3) PIR	(4) PIR	(5) PIR	(6) PIR
FIN	−0.452***	−0.333***	−0.451***	−0.231***	−0.455***	−0.338***
	(−11.621)	(−4.882)	(−11.591)	(−4.704)	(−11.681)	(−4.964)
$s6m$	0.658***	0.674***				
	(17.542)	(17.874)				
$s1y$			0.805***	0.818***		
			(18.447)	(18.896)		
avg					0.962***	1.001***
					(15.081)	(15.717)
Controls	Yes	Yes	Yes	Yes	Yes	Yes
BIN FE	Yes	Yes	Yes	Yes	Yes	Yes
Year FE	Yes	Yes	Yes	Yes	Yes	Yes
Province FE	No	Yes	No	Yes	No	Yes
N	264 664	264 664	264 664	264 664	264 664	264 664
$adj.R\text{-}sq$	0.045	0.049	0.035	0.049	0.034	0.049

注：括号中的是 t 值，采用省级聚类稳健标准误计算；*** 表示在1%水平下统计显著，** 表示在5%水平下统计显著，* 表示在10%水平下统计显著；Controls 指城市层面上一年度的经济金融宏观变量；BIN FE 指借款类型固定效应，借款类型按照金额是否超过所在城市借款年度借款金额中位数(×2)、是否约定期限(×2)、是否约定抵押品(×2)、是否用于消费(×2)分为16组；Province FE 指省级层面固定效应。

(3) 更换经济发展指标后结果依然稳健

上文提到，地方经济状况对于地区的民间借贷利率有直接(通过影响民间借贷利率市场上的需求和供给)和间接(通过影响地方的金融发展水平)的影响。因此，控制地方的经济状况尤为重要。从地方宏观经济发展来看，除地区生产总值以外，可支配收入、工资、消费水平以及教育水平都是经济发展水平的刻画指标。表 5-4 所展示的相关性回归结果中，上述地方经济发展控制变量之间可能存在严重的多重共线性。多重共线性的存在可能导致核心变量的回归系数出现偏误。因此，将所有刻画地方经济发展的变量均放入该模型中进行回归显然是不合适的。在稳健性检验中，我们分别用工资(wag)、人均可支配收入(inc)、人均社会零售品销售额(con)、人均教育支出(edu)这 4 个指标，替代人均地区生产总值(gdp)，对式(5-1)进行回归，得到表 5-15。表 5-15 展示了更换经济发展指标后的回归结果。回归结果显示,对经济发展指标进行替换,不影响金融发展对借贷利率显著的负向影响,实证结果仍然支持假设 H1。

表 5-15 改变经济发展度量指标后的回归结果

变量名	(1) PIR	(2) PIR	(3) PIR	(4) PIR
FIN	-0.201^{***}	-0.230^{***}	-0.117^{**}	-0.236^{***}
	(-4.032)	(-4.692)	(-2.264)	(-4.797)
wag	-0.042^{**}			
	(-2.562)			
inc		-0.261^{***}		
		(-2.661)		
con			-0.012	
			(-0.493)	
edu				-0.064
				(-1.315)
$Controls$	Yes	Yes	Yes	Yes
$BIN\ FE$	Yes	Yes	Yes	Yes
$Year\ FE$	Yes	Yes	Yes	Yes
$Province\ FE$	Yes	Yes	Yes	Yes
N	264 664	264 664	264 664	264 664
$adj.R\text{-}sq$	0.049	0.049	0.049	0.049

注:括号中的是 t 值,采用省级聚类稳健标准误计算;*** 表示在1%水平下统计显著,** 表示在5%水平下统计显著,* 表示在10%水平下统计显著;$Controls$ 指城市层面上一年度的除经济度量指标以外的宏观变量;$BIN\ FE$ 指借款类型固定效应,借款类型按照金额是否超过所在城市借款年度借款金额中位数($\times 2$)、是否约定期限($\times 2$)、是否约定抵押品($\times 2$)、是否用于消费($\times 2$)分为 16 组;$Province\ FE$ 指省级层面固定效应。

5.5 实证因果识别

5.5.1 政策背景与准自然实验环境

上一节探讨了以银行为代表的正规金融市场对民间借贷利率的影响。虽然实证回归模型考虑了可能影响民间借贷利率的其他因素,但是实证结果不可避免地受到银行设立和发展本身内生性(Henley et al.,2009; Hermes et al.,2018;Ahlin et al.,2011;Ashta & Fall,2012)带来的干扰。

为了克服金融发展与经济增长关系中存在的内生性问题,经典实证文献往往以法律起源作为金融发展的工具变量(Levine,1998,1997;Porta et al.,1998),不同的法律起源在一定程度上与各国金融发展的差异有关。

然而,就我国的不同地域而言,法律环境很难成为外生的影响因素(郭峰、熊瑞祥,2018)。研究我国金融发展的文献,往往使用历史上的金融活动活跃度,例如钱庄的数量(张博等,2018),作为工具变量识别当代金融发展对其他经济或者文化活动的影响,但这个思路同样不适用于本书中民间借贷这一具有悠久历史的研究对象。在本书的研究话题下,基本不存在某一个历史变量,能够满足工具变量使用前提之一的排他性条件,即只影响地区正规金融机构,而不影响传统民间借贷。

既然工具变量方法很难解决因果识别问题,那么是否存在某些政策环境可以提供准实验场景呢?一个理想的自然实验场景是:有两个外部条件完全相同的地区,在外生性政策的影响下,一个地区随机性地在某个时点设立了银行,而另外一个地区没有设立银行,对比这两个地区的民间借贷利率,识别银行的设立对民间借贷的影响。有文献利用城市商业银行的分批次组建,识别地方金融机构发展对经济增长的影响(郭峰、熊瑞祥,2017;吕朝凤、毛霞,2020)。遗憾的是,城市商业银行设立提供的准自然实验环境仅限于1996—2010年,本书的民间借贷数据样本大多处于城市商业银行的批次组建已经基本完成的2010年后。

本章综合现有文献的实证思路,开创性地利用县域地区小额贷款公司[①](以下简称小贷公司)的设立,使用渐进双重差分模型,对地区金融机构设立对民间借贷利率的影响进行因果识别。一方面,2008—2015年各地分批次逐步设立小贷公司;另一方面,地方金融管理局可以审批,且不允许小贷公司跨区域经营。小贷公司作为金融发展市场中银行以外的"正规军"[②],提供了一个地区金融发展差异性的实验环境。

小贷公司的发展阶段与本书民间借贷的数据时间分布恰好契合。

[①] 根据中国人民银行的定义,小额贷款公司是由地方金融监管部门审批,由自然人、企业法人与其他社会组织投资设立,不吸收公众存款,经营小额贷款业务的有限责任公司或股份有限公司。

[②] 本书将经过监管部门审批并正规持牌的小贷公司划归为金融市场中的"正规军",与银行一样归属地方正规金融机构。与银行相比,小贷公司的牌照只需地方政府金融办审批,而且不能吸收存款,因此有文献把小贷公司视为广义的非正规金融或者民间借贷(张博等,2018)。本书按照持牌与非持牌机构的划分,将持牌小贷公司划分为正规金融类别。

图 5-1 展示了我国小贷公司成立的年份分布,图 5-2 展示了我国小贷公司的兴起、发展与规范过程中的行业规模①。2005—2015 年是传统小贷公司率先发展的阶段。2005 年中国人民银行在五个区县设立小贷公司试点②,从 2008 年中国人民银行明确将小贷公司审批权交由地方开始③,小贷公司数量以燎原之势在各地区快速增长。到 2015 年,小贷公司数量从 1234 家增长到 8910 家;贷款余额从 774 亿元增长到 9400 亿元,均达到历史最高值。自此以后,小贷公司的数量便开始下降,贷款余额数量也开始显著放缓。2015 年被视为小贷行业的"分水岭"。截至 2021 年 6 月末,全国共有小贷公司 6686 家,贷款余额 8865 亿元。

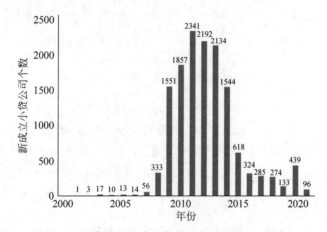

图 5-1 小贷公司的成立年份分布(2000—2020 年)

5.5.2 渐进双重差分模型的实证设计

渐进双重差分模型的实证策略如下:地方小贷公司作为地方金融机构的显著特征之一是仅限于或主要为县域本地区经营,主要服务于当地的企业和居民(郭峰、熊瑞祥,2017),因此,当某一个县域设立第一个小贷公司时

---

① 数据来源:中国人民银行每年公布的全国各省份小贷公司统计数据表。
② 2005 年中央一号文件指出,"要推进农村金融改革和创新……有条件的地方,可以建立贴近农民需要、由自然人或企业发起的小额信贷组织"。同年十月,中国人民银行在山西、四川、贵州、内蒙古、陕西五省(自治区)各选择一个县开启小额贷款公司试点,小额贷款公司由中国人民银行进行业务指导。
③ 《关于小额贷款公司试点的指导意见》。

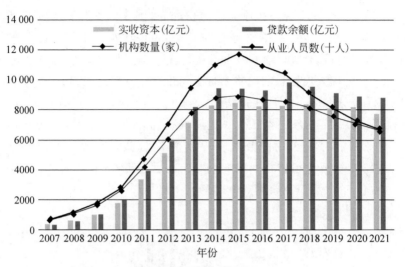

图 5-2　全国小贷公司规模统计数据（2007—2021 年）

的 30 天及以后，该小贷公司所在的县域可以设为实验组，在同一个城市中同时期没有设置小贷公司的县域，作为对照组。通过对比实验组和对照组的民间借贷利率差异，识别小贷公司的设立对民间借贷利率的影响。图 5-3 展示了批准设立小贷公司的区县在各年的分布情况，可以发现 2007—2015 年，各个区县的小贷公司的设立情况有较大差异，这个差异是本书实证策略的基础。

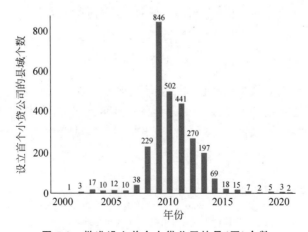

图 5-3　批准设立首个小贷公司的县（区）个数

按照上述利用小贷公司设立和发展阶段(2007—2015年)的准自然实验思路,参考郭峰等(2017)构建渐进双重差分模型[①],将借款利率作为被解释变量,将借款发生时所在县域是否有小贷公司作为核心解释变量,具体模型如下[见式(5-3)]:

$$PIR_{ict} = \beta MFI_{ict} + \gamma X_{ict} + \delta \sigma_{ct-1} + \mu_t + \theta_c + \varepsilon_{ict} \tag{5-3}$$

其中,下标 i 表示单笔借款,下标 c 表示单笔借贷发生的县域,下标 t 表示单笔民间借贷发生的年月。核心变量 MFI_{ict} 反映了单笔借款发生前30天借款发生所在县域是否已经设立首个小贷公司。β 刻画了同一城市同一时段内实验组区县和对照组区县的民间借贷利率水平的差异。

此外,在模型中加入借款层面的控制变量 X_{ict} 和县域层面的宏观控制变量 σ_{ct-1}。实际上,在理想情况下,双重差分模型保证实验组完全外生,不需要加入任何控制变量,但是当不能完全排除随时间变化的不可观测微观和宏观变量可能会对结果造成的影响时,可以加入可能产生干扰的控制变量因素。最后,θ_c 代表城市层面的固定效应;μ_t 代表年度固定效应。上述模型对所有回归系数的标准误都在城市和年度层面进行双向聚类。

5.5.3 因果识别结果

根据渐进双重差分模型的前提假设一,实验组和对照组的选择具备一定外生性。首先,从经济学直觉上来看,尽管在同一个城市内,某县域批准设立小贷公司后小贷公司数量以及贷款余额受到当地宏观经济等因素的影响,但是就首次批准设立小贷公司这个事件本身来说,是较为随机的。数据也对此进行了检验:如表5-16的第(5)列所示,某一个县域是否批准设立首个小贷公司,与当地的宏观经济因素等没有显著的相关性,从而验证渐进双重差分的实验组具备验证外生性。实验组在得到批准设立小贷公司之前,民间借贷利率的时间变化趋势和对照组相比并没有显著差别,从而验证渐进双重差分的平行趋势检验。

使用双重渐进差分模型进行因果识别的回归结果在表5-17中展示。变量 MFI 前的系数是因果识别的估计系数,代表了实验组和对照组在实验组设立小贷公司前后民间借贷利率变化的差异。表5-17第(1)列和第(2)

---

① Almond et al.(2013)使用该方法研究中国农村家庭土地承包责任制在不同县域的渐进推广对人口性别比的影响,Wang(2013)使用该方法研究经济特区的分批设立对地区经济的影响。

表 5-16　宏观经济因素与是否设立小贷公司的相关系数矩阵

变量名	(1) MFI	(2) MFI	(3) MFI	(4) MFI	(5) MFI
gdp_capita_county	0.036***	0.019**	0.005	0.014*	0.018
	(3.441)	(2.152)	(0.563)	(1.852)	(0.701)
pop_county	0.004***	−0.001	−0.001***	−0.001**	0.002
	(10.994)	(−1.021)	(−3.007)	(−2.462)	(0.767)
$disposable\_income\_county$	−0.082***	0.002	−0.005	−0.152***	−0.113*
	(−2.898)	(0.080)	(−0.102)	(−3.868)	(−1.740)
$finance\_capita\_county$	0.017*	−0.004	−0.004	−0.004	−0.027
	(1.709)	(−0.567)	(−0.492)	(−0.572)	(−1.290)
$retailsale\_capita\_county$	0.015***	0.004*	−0.000	0.001	0.008
	(5.516)	(1.806)	(−0.054)	(0.433)	(1.384)
$resid\_capita\_county$	0.001	−0.025*	0.001	0.007	−0.020
	(0.053)	(−1.943)	(0.035)	(0.465)	(−0.693)
$teacher\_student\_county$	4.217***	0.820**	0.226	0.128	0.769
	(9.115)	(2.243)	(0.763)	(0.426)	(1.097)
Province FE	No	Yes	No	No	No
City FE	No	No	Yes	Yes	No
County FE	No	No	No	No	Yes
Year FE	264 664	264 664	264 664	264 664	264 664
N	9482	9482	9482	9482	9482
adj.R-sq	0.299	0.436	0.709	0.750	0.573

注：括号中的是 t 值，采用地级市（控制地级市层面固定效应时）或县域层面（控制县域层面固定效应时）的聚类稳健标准误计算；*** 表示在1%水平下统计显著，** 表示在5%水平下统计显著，* 表示在10%水平下统计显著。

列展示了不加入区县层面控制变量，只控制借款层面变量以及城市固定效应的回归结果。第(3)列和第(4)列展示了不加入区县层面控制变量，只控制借款层面变量以及区县固定效应的回归结果。第(5)列和第(6)列展示了同时控制区县层面和借款层面变量的回归结果。以第(6)列为例，回归系数显著为负，回归系数−1.586的经济含义是，平均而言设立首个小贷公司的区县比同城同时间内仍然没有小贷公司的区县，同类型有息贷借款年化利率低约159个基点。

表 5-17　地区小贷公司设立对民间借贷利率影响的回归结果

变量名	(1) PIR	(2) PIR	(3) PIR	(4) PIR	(5) PIR	(6) PIR
MFI	-1.302***	-1.469***	-1.439***	-1.534***	-1.645*	-1.586*
	(-5.761)	(-8.391)	(-8.552)	(-2.041)	(-1.831)	(-1.758)
$finance\_capita\_county$					-0.084*	-0.158*
					(-1.860)	(-1.652)
gdp_capita_county					-0.342***	-0.305**
					(-5.919)	(-2.084)
pop_county					-0.018**	-0.013
					(-2.352)	(-0.854)
$Baseline\ Mean$	23.778	23.778	23.778	23.778	23.037	23.037
$BIN\ FE$	Yes	Yes	Yes	Yes	Yes	Yes
$City\ FE$	Yes	Yes	No	No	No	No
$County\ FE$	No	No	Yes	Yes	Yes	Yes
$Year\ FE$	No	Yes	No	Yes	No	Yes
N	438 253	438 253	438 253	438 253	438 253	438 253
$adj.R\text{-}sq$	0.070	0.070	0.143	0.160	0.185	0.202

注：括号中的是 t 值，采用地级市（控制地级市层面固定效应时）或县域层面（控制县域层面固定效应时）的聚类稳健标准误计算；*** 表示在 1% 水平下统计显著，** 表示在 5% 水平下统计显著，* 表示在 10% 水平下统计显著；$Baseline\ Mean$ 指回归样本因变量均值；控制变量包括借款人和出借人的性别、年龄以及年龄的平方项；$BIN\ FE$ 指借款类型固定效应，借款类型按照金额是否超过所在城市借款年度借款金额中位数（×2）、是否约定期限（×2）、是否约定抵押品（×2）、是否用于消费（×2）分为 16 组；$Year\ FE$ 指借款发生的年度固定效应；$City\ FE$ 指借款发生所在城市固定效应；$County\ FE$ 指借款发生所在县域层面固定效应。

5.6　本章小结

本章使用微观借款层面的数据研究正规金融市场发展程度对民间借贷利率的影响，为地方金融发展能够促进民间借贷利率的降低提供了微观数据支持。首先，本章发现，地区正规金融发展的水平对民间借贷利率的影响，主要是通过有息贷利率降低，而非通过提高零息贷占比产生的。换言之，只有收取利息的有息贷的利率，才能真实反映民间借贷市场的供给和需求的价格。

其次，本章聚焦于利率大于零的有息借贷样本，对实证结果作进一步分析，得到如下结论：金融发展对利率的作用在不同借款用途和不同地域之间具有差异。从借款用途来看，金融发展对于生产型借款利率的影响更大；从地域分布来看，东部区域的金融发展对利率的影响更大。上述结果在更换金融发展度量指标、更换经济发展以及正规金融市场利率指标后依然稳健。

最后，为了缓解长久以来难以解决的金融发展的内生性问题，本章在研究我国问题时参考现有文献使用方法，在历史法律起源及金融活跃度工具变量、城商行分批次设立等不可行的情况下，充分利用本章民间借贷数据颗粒度细且覆盖面广的优势，提出了全新的因果识别方法：开创性地利用县域地区小贷公司的设立，使用渐进双重差分模型，对地区金融机构设立对民间借贷利率的影响进行因果识别。研究发现，平均而言设立首个小贷公司的区县比同城同时间内仍然没有小贷公司的区县，同类型有息贷借款年化利率低约159个基点。从因果识别的层面为金融发展对地区借贷利率的影响进一步提供了佐证。

本章的实证结果为如何规范民间借贷市场利率提供了启发，具有一定实践意义。本章的发现有助于政策制定者掌握民间借贷市场利率的规律，更有针对性地制定民间借贷市场的规范政策。例如，本章发现民间借贷的风险定价与借款用途相关，生产型民间借贷具有利率高、金额大、期限更长的特点。如果根据借款用途等具体条款灵活设置民间借贷利率上限，或许能够在维护民间借贷市场秩序的基础上，形成更加有利于民间借贷市场发展的风险定价机制。

第6章 非正规金融对民间借贷利率的影响
——以网贷平台为例

6.1 引 论

上一章探讨了正规金融市场对民间借贷的影响,主要结论是,以银行和小贷公司为代表的地方金融机构发展有利于促进民间借贷的有息贷利率降低。实际上,在我国过去十年的金融发展过程中,除了受到金融监管的地方金融机构"正规军"外,以 P2P 网贷平台①为代表的新型融资模式也扮演了重要角色。2011—2017 年,占同时期家庭借贷 32%的网络借贷(赵竞竞,2019)对传统民间私人借贷市场产生了重大影响(吴雨等,2020)。那么,网络借贷的兴起和衰落究竟对传统的民间借贷定价产生了什么影响?与正规金融发展带来的影响又有何相同和不同之处?为了探索上述问题,本章开展对非正规金融发展对私人借贷利率影响的研究(见图 6-1)。

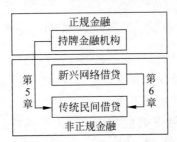

图 6-1 本章研究与上一章研究的关联图示

我国网贷行业经历了先发展后监管的历程(廖理、贺裴菲,2014a)。2015 年的政府工作报告提出要"促进互联网金融健康发展"和"大众创业、

---

① 学界和业界认为网络借贷是一种非正规金融模式(郭峰等,2017),监管部门在制定和执行监管政策时也将网络借贷视为非正规金融模式,2016 年《网络借贷信息中介机构业务活动管理暂行办法》将网络借贷界定为广义民间借贷范畴,是一种非正规金融模式。

万众创新",为网络借贷发展提供了土壤①,网贷行业进入了快速发展期。网贷平台蓬勃发展的同时也带来一定风险,问题平台数量开始不断增加(Jiang et al.,2021)。图 6-2 展示 2014 年以来中国网贷行业成交额和平台数量②,截至 2017 年年底超六成平台已成为问题平台停业,监管部门也随之开始出台一系列政策对网贷行业进行监管。网贷行业的兴衰与监管力度的加大是否会影响传统民间借贷?传统民间借贷利率如何变化?不同区域和不同类型的民间借贷所受影响有何差别?

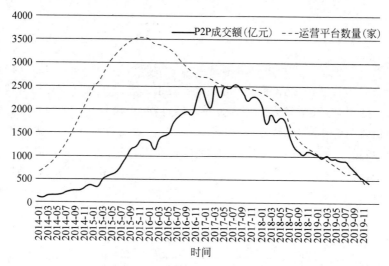

图 6-2 我国 P2P 网贷平台的发展

受限于数据的可得性,学术界目前尚未对此给出明确的答案。考虑到各地的网贷行业普及程度和发展情况不同,网贷行业的兴衰与监管在不同区域的强度和变化程度也是不同的,因此,有必要区分不同地区传统线下借贷受到的影响。但是,由于目前关于传统借贷的数据主要集中在温州等个别区域,研究者无法观测并检验横截面上不同区域所受的异质性影响,上述问题仍缺乏有效的经验证据。

幸运的是,本书所用的民间借贷数据克服了以往文献数据覆盖度不高的问题,可以观测到各地区不同时间的民间借贷利率的变化情况,为本章的

---

① 从需求侧来说,随着更多的创业者和微型企业出现,网络借贷有了更广阔的服务对象;从供给侧来说,在支持创业的环境下,网络借贷平台的成立更加便捷。

② 数据来源:网贷之家网站。

研究提供了良好的数据环境。本章利用网贷行业规范阶段针对网贷平台的合规政策，使用双重差分模型，识别合规政策带来的网贷规模外生性下降对传统线下民间借贷利率的影响。研究发现，相比未受到行业合规政策影响的地区，受到网贷行业合规政策影响的区域其本地的网络借贷平台数量减少，网络借贷平台的成交规模下降，传统线下借贷的平均借款利率上升163个基点，其中，有息贷样本的借款利率上升418个基点。

本章主要贡献在于，第一，从网贷与传统民间借贷的关系来看，学术界目前讨论最多的仍然是网贷与传统民间借贷有何不同[①]，鲜有研究探讨网贷与传统民间借贷之间有何联系，本章开创性地研究了网贷市场对传统民间借贷的影响，特别是网络借贷对于传统民间借贷的溢出效应。第二，从网贷行业的兴衰发展和监管来看，文献目前对于网贷平台兴衰的宏观因素和微观逻辑的探讨已经十分充分，但是对于以网贷为代表的我国非正规金融市场的发展对其他金融市场的影响并没有充分讨论，本章开创性地研究了网贷行业受到行业监管后对其他借贷市场的影响。第三，从地区差异的角度来看，以往学术研究主要将网贷行业作为一个跨地区的全国性金融活动，并未考虑不同地区的网贷活跃度存在差异，而本章巧妙地利用了政策对不同地区的网贷活动的影响差异，并对传统民间线下借贷的差异作出了因果识别。第四，本章在实证方法上进行了创新。本章使用的网贷行业监管政策针对不同平台有不同效力，且该政策效力具有一定外生性，为实证策略提供了良好环境。第五，得益于我国网贷行业经历的发展和规范两个阶段，本章结果不仅有助于理解非正规金融的发展与兴起带来的影响，更助于理解非正规金融的规范化过程中，民间借贷利率是如何演进的。

6.2节提出研究假设与实证设计；6.3节给出数据描述；6.4节是主要实证结果，并通过调整实验组定义方式，随机生成实验组和改变政策发生时间，对实验结果进行稳健性检验；6.5节对本章内容进行总结。

[①] 核心差异在于：借贷双方是否产生具有经济学意义的借贷关系(郭峰，2017)。传统的线下私人借贷是出借人和借款人之间权利义务明确的直接借贷关系，而网络借贷大多是陌生人间的非人格化交易。而对于大多数自动化投标模式的平台，出借人更是无法观测单个项目风险，只能依据对平台的整体风险评估作出决策(Jiang et al.，2019)。一旦违约发生，出借人无法与借款人协商，出借人也无法提起诉讼。

6.2 政策背景、研究假设和实验设计

6.2.1 网贷监管政策与"准自然实验"

2007—2015年,网贷平台一直游离于监管之外,处于快速发展阶段,监管机构对网贷平台的电信业务经营许可证(ICP)以及银行存管不作要求。2016年8月,银监会等四部委先后出台《网络借贷信息中介机构备案登记管理指引》和《网络借贷资金存管业务指引》,要求网贷平台:(1)获取电信业务经营许可;(2)全部资金由纳入互联网金融协会公布的白名单银行进行资金存管。政策规定,对于不满足上述要求的平台,后续不能开展网贷业务。这个监管政策为本书的实证设计提供了一个合理的"准自然实验"。

第一,该监管政策对于不同平台的冲击存在差异。监管政策出台之前,有的平台就已满足白名单银行存管的要求并且拥有ICP,而有的平台则尚不满足监管要求。对于尚未获得ICP、未满足银行存管要求的平台,平台运营存在随时被监管部门关停的风险。一系列相关研究表明,该政策出台之后,满足资金存管要求并持有ICP的网贷平台的投资参与人数和网贷平台的成交量显著高于不满足要求的网贷平台(田杰等,2019;王雄、邹铃,2019)。

第二,借贷双方在网贷平台的借贷行为存在本地偏好。网贷平台的本地偏好是指借贷双方都倾向于选择本土的网贷平台进行借贷的行为。线上平台的本土偏好现象已在多个实验环境中被证实(Everett,2015;Agarwal et al.,2011)。例如,Hortacsu等(2009)指出美国电商交易平台Ebay上存在的本土偏好;Lin等(2013)在美国网贷平台Prosper上发现本土偏好,且这一偏好是一种非理性行为。在我国,根据张博等(2018)的调查,在网络贷款促成的信用贷款交易中,借贷双方有着明显的本地化偏好。

冲击的异质性和本土偏好的存在使得监管政策对不同地区网贷规模的冲击也存在差异。基于此,本章将监管政策出台前存在网贷业务的地级市划分为实验组和对照组。(1)实验组:政策出台前该地区全部网贷平台均不符合银行存管要求,同时还概不具备ICP;(2)对照组:政策出台前该地区至少有一个网贷平台符合银行存管要求且拥有ICP。

6.2.2 研究假设

以中小微企业、中低收入人群为主的长尾群体,难以从银行等正规金融机构获得融资,当他们有生产型或者消费型融资需求时,往往借助亲缘网络进行直接民间借贷。伴随着互联网技术的应用,以网络借贷为代表的非正规金融为长尾群体带来更加迅速便捷的融资方式。这种全新的金融模式给传统民间借贷体系带来供给和需求两个方面的影响。

从资金供给方面来看,主要是机会成本效应。网络借贷对于民间借贷资金出借方存在机会成本效应(吴雨等,2020)。网络借贷的发展拓宽了家庭参与金融市场的渠道,增加了家庭资金出借的机会成本,降低了民间借贷市场的资金供给。然而,对网络借贷的监管通过机会成本效应增加民间借贷市场的资金供给,进而降低传统民间借贷的利率。

从资金需求方面来看,主要是需求替代效应。依赖于互联网技术的网络借贷突破了传统借贷所依赖的社会网络,随着信息技术的不断成熟,网络借贷平台资金供求双方的信息获取成本逐渐降低(廖理、张伟强,2017;张海洋,2017)。传统私人借贷通常伴随着人情成本,通过提供义务帮助或者赠送礼金等形式对资金借出方进行补偿的隐性人情往来成本往往较高(第7章对此进行详细分析)。网络借贷在一定程度上成为传统民间的替代,对网络借贷的监管政策通过需求替代效应,提高民间借贷市场的资金需求,从而提高借贷利率。

上述供给和需求的理论分析无法给出民间借贷利率究竟是升高还是降低的结论。该问题取决于需求方的替代效应和供给方的机会成本效应的综合作用,在两个效应的作用方向相反的情况下,有必要通过实证检验对上述问题作出回答。基于此,本章提出第一个研究假设。

H1:需求替代效应大于机会成本效应。监管政策对网络借贷的规范挤出网贷需求,提升传统民间借贷市场需求,受监管政策冲击更大的地区借贷利率上升更多。

6.2.3 实验设计

为检验上述研究假设,本书利用针对网贷平台 ICP 和银行存管要求的"准自然实验",使用双重差分法进行检验。图 6-3 直观地描绘了本章双重差分法的实验设计思路。假设两个城市(城市 A 和城市 B)各有一个网贷平台,城市 A 设为实验组,城市 B 设为对照组。在监管政策出台之前,城市

A(实验组)的网贷平台**不满足**监管要求,城市 B(对照组)的网贷平台**满足**监管要求。

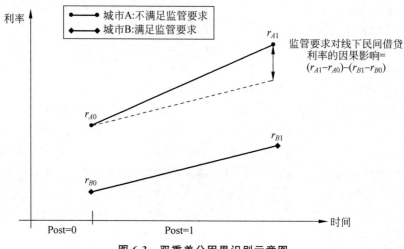

图 6-3 双重差分因果识别示意图

监管政策只对城市 A(实验组)有冲击作用,对满足要求的城市 B(对照组)没有冲击作用。监管政策出台后,城市 A(实验组)的网贷平台受到监管要求的规范,与城市 B(对照组)相比规模逐渐缩小[①]。城市 A(实验组)民间借贷市场利率在政策出台前后变化[在图 6-3 中用($r_{A1}-r_{A0}$)表示]与城市 B(对照组)民间借贷市场利率在政策出台前后变化[在图 6-3 中用($r_{B1}-r_{B0}$)表示]的差异,就是本章所关心的网贷行业政策规范对传统民间借贷利率的因果影响。

按照上述实验思路构建双重差分回归模型。将借款利率作为被解释变量,将借款发生所在地是否受到政策冲击作为实验组变量,将借款发生时间是否在政策出台前作为事件变量,构建如下双重差分回归模型[见式(6-1)]:

$$y_{ict} = \beta treat_c \times post_t + \vartheta post_t + \gamma X_{ict} + \delta \sigma_{ct-1} + \mu_t + \theta_c + \varepsilon_{ict} \quad (6-1)$$

其中,下标 i 表示单笔借款,下标 c 表示单笔借贷发生的城市,下标 t 表示单笔民间借贷发生的时间,时间维度根据不同定义可代表年度、季度以及某天。

---

① 田杰等(2019)发现,资金存管和 ICP 的行业合规政策出台后,符合合规政策的平台成交量相比不符合合规政策平台的成交量,有显著上升。

上述双重差分模型的构建参考 Tang(2019),该文献根据受监管影响的金融机构所在地区,将美国的各州县分为受政策冲击组和未受政策冲击组。本章对 $treat_c$ 变量的定义是,若借款发生所在地区全部平台都受到政策冲击的影响,则定义为 1,反之定义为 0。在稳健性检验中,将变量定义放宽为借款发生所在地区至少有一个平台受到政策冲击。本章对 $post_t$ 变量的定义是,借款发生时间是否在政策出台之后的某一天,若是则定义为 1。

双重差分模型的核心变量是 $treat_c$ 和 $post_t$ 的交互项,交互项前面的系数是本章所关心的主要系数,该系数刻画了实验组和对照组在政策发生前后民间借贷利率水平的差异。此外,参考 Tang(2019),本章在模型中加入借款层面的控制变量 X_{ict} 和城市层面的宏观控制变量 σ_{ct-1}。实际上,在理想情况下,双重差分模型保证实验组完全外生,不需要加入任何控制变量,但是当不能完全排除随时间变化的不可观测微观和宏观变量可能会对结果造成的影响时,可以加入可能产生干扰的控制变量因素。为了进一步验证实验组的外生性,6.4.1 节给出实验组和对照组在事件发生之前民间借贷利率的时间变化趋势并没有显著差别,进一步为外生性提供佐证。最后,θ_c 代表城市层面的固定效应;μ_t 代表年度固定效应和月度固定效应。上述模型对所有回归系数的标准误都在城市和年度层面进行双向聚类。

6.3 数据描述

本章涉及的数据包括以下三个部分:(1)清华大学金融科技研究院的网贷平台静态数据库;(2)民间借贷微观数据;(3)城市层面的宏观经济数据。

6.3.1 网贷平台数据

过往针对网贷行业的文献主要集中在单个平台,研究投资者和借款者的行为(Jiang et al.,2019)。本章旨在从宏观的角度,利用监管政策对不同网贷平台的差异及其对所在地区带来的差异性影响,研究网贷平台所在地区传统线下民间借贷的变化。这给本章的数据带来了一定挑战,因为网贷平台往往是一些初创公司,大部分公司并未上市,并没有数据库系统性收录全部平台的信息。

本章关于网贷平台的数据依托于清华大学金融科技研究院的网贷平台静态数据库，该数据库采用人工收集的方法，对能够搜集到的网贷平台信息进行了全面梳理。主要收集过程如下：首先，获取网贷平台全称，数据来自国内最主流的第三方平台之———"网贷之家"。经过人工筛选与比对[①]确保没有重合或者疏漏后，最终确定了 5298 家网贷平台。其次，通过访问网贷平台的官方网站、搜集平台公告等方式构建数据变量。主要数据变量包含各个平台的所在省市、上线时间、退出时间、注册资本、是否由国资参股控股、是否纳入银行存管，以及是否具有 ICP。值得一提的是，为了避免数据样本出现幸存者偏差，退出停业的平台也包含在样本中，通过查询网页快照补充这些平台的历史信息。

表 6-1 展示了网贷平台主要变量的描述性统计，包含变量平均数、标准差、1%分位数、中位数和 99%分位数。在 5298 家网贷平台样本中，15.8%的平台在监管政策出台（2016 年 6 月）之前已将平台资本金纳入银行存管，8.8%的平台在监管政策出台之前获取了 ICP。样本平台的平均注册资本是 5871 万元，中位数是 3000 万元，99%分位数是 5000 万元。

表 6-1　网贷平台静态样本描述性统计（$N=5298$）

变量名	变量描述	均值	标准差	1%分位数	中位数	99%分位数
bank	是否纳入银行存管（是=1）	0.158	0.364	0	0	1
ICP	是否有 ICP（是=1）	0.088	0.284	0	0	1
capital	注册资本金（万元）	5871	36 055	500	3000	5000
public	平台是否上市（是=1）	0.073	0.260	0	0	1
SOE	是否国资参股控股（是=1）	0.036	0.186	0	0	1

针对上述网贷平台层面的数据构建城市层面的实验组和对照组。实验组和对照组城市均需满足以下条件：(1)所在城市有网贷平台注册；(2)在该城市注册的网贷平台注册资本金不得超过 5000 万元[②]。满足上述两个条件的城市可以作为实验组和对照组。在满足上述条件的基础上，实验组

[①] 与另一主流第三方平台"网贷之眼"数据库，进行交叉比对。
[②] 5000 万元资本金是全部平台注册资本金的 99%分位数，排除这些大型平台所在的城市，也就意味着大型平台所在城市既不属于实验组，也不属于对照组。这是由于，大型网贷平台的借款者一般是跨省市的，其所受监管的冲击带来的对传统民间借贷的影响不局限在平台所注册的城市。

城市的定义是：该城市的网贷平台均受到监管冲击，即全部平台均不满足拥有 ICP 和银行存管的至少一条合规条件；对照组城市的定义是，该城市至少有一个网贷平台在政策事件发生前已经满足监管条件，不受监管政策的冲击。按照上述方法对所有城市进行分组，最终进入实验组的有 45 个地级市，进入对照组的有 128 个地级市。

6.3.2 民间借贷数据

本章使用的民间借贷微观数据是第 4 章民间借贷数据的子样本。子样本需要满足以下条件：(1)借贷双方所在地相同；(2)借贷双方的主体是个人而非企业或其他法人机构，且与借款平台无关；(3)借贷双方所在地属于上述实验组和对照组中的一个；(4)借贷发生在政策出台前 24 个月和政策出台后 24 个月之间，即 2014 年 8 月—2018 年 8 月；(5)为排除数据异常值可能引起的偏差，剔除有息贷借款样本的借款利率最高和最低的 1%。同时对借款金额、借款期限、借贷双方年龄这些连续变量作 1% 的缩尾处理。符合上述条件的民间借贷微观观测值共 1 671 046 个。

表 6-2 汇报了本章使用的民间借贷微观数据的描述性统计。第 1 行至第 3 行汇报民间借贷的发生时间，第 4 行至第 6 行汇报双方的约定利率，第 7 行至第 11 行汇报借款契约的其他信息，如借款金额、借款期限、是否有抵押品、借款用途，第 12 行至第 15 行汇报借贷双方的性别和年龄。本章使用的子样本的变量与全样本相同，故各变量的定义和描述性统计值在此不再赘述。

由于本章回归中使用的样本在本书数据描述的全样本基础上作了条件筛选，为避免样本选择偏差，在回归检验之前需确保使用的子样本与全样本没有系统性显著差异，表 6-3 汇报本章使用的子样本与全样本的 t 检验结果。表 6-3 第(1)列至第(4)列展示了子样本实验组事件发生前、子样本对照组事件发生前、子样本以及全样本的变量平均值。表 6-3 的第(6)列显示，子样本的主要变量与全样本没有显著差异。第(5)列显示，进一步将子样本拆分，发现实验组和对照组在事件发生前也没有显著性差异。上述 t 检验结果有两个含义：(1)子样本的回归结论可以进一步推广到全样本中，子样本和全样本之间不存在选择性偏差；(2)实验组和对照组在事件发生前的借款契约没有显著差异，实验组的选择满足外生性条件。

表 6-2 民间借贷数据子样本描述性统计（$N = 1\,671\,046$）

变量名	变 量 描 述	均值	标准差	最小值	中位数	最大值
year	借款发生的年度	2016.8	1.872	2014	2017	2018
month_loan	借款发生的月份	6.39	3.467	1	6	12
date_loan	借款发生的日期	01Jun16	678.6	29Jun14	20May16	10Aug18
ZIR	是否为零息贷（是=1）	0.602	0.490	0	1	1
PIR	非零息贷的年化利率（%）	23.83	11.17	5.650	24	72
r	约定借款利率（%）	8.889	12.61	0	0	52.20
amount	借款金额（万元）	27.47	59.79	0.350	9	519
term	借款期限（天）	194.9	181.2	7	121	1095
term_openend	是否开放契约（是=1）	0.761	0.426	0	1	1
collateral	是否有担保（是=1）	0.313	0.464	0	0	1
CON	借款是否用于消费（是=1）	0.098	0.298	0	0	1
age_lender	出借方的年龄	42.08	10.27	22	42	72
age_borrower	借款方的年龄	39.83	9.147	21	40	64
sex_lender	出借方的性别（男=1）	0.727	0.446	0	1	1
sex_borrower	借款方的性别（男=1）	0.828	0.377	0	1	1

表 6-3　子样本与全样本的主要特征对比(t 检验)

变量名	(1) 实验组子样本 ($treat=1$, $post=1$)	(2) 对照组子样本 ($treat=0$, $post=1$)	(3) 子样本	(4) 全样本	(5) t 值 (2)−(1)	(6) t 值 (4)−(3)
PIR	23.20	23.18	23.3	22.42	−1.168	−1.496
r	8.81	8.77	8.90	8.14	−1.550	−1.399
amount	27.33	27.47	27.69	26.96	1.422	−1.673*
term	195.79	194.22	194.44	196.31	−1.164	1.832*
term_openend	0.77	0.76	0.76	0.83	−1.833*	1.562
CON	0.10	0.10	0.10	0.11	0.172	0.648

注：*** 表示在 1% 水平下统计显著，** 表示在 5% 水平下统计显著，* 表示在 10% 水平下统计显著。

6.3.3　城市层面数据

针对实证回归模型方程右侧使用到的核心变量，以及城市层面和时间趋势层面的控制变量，本章整理了前述 163 个地级市 2014—2018 年的地方统计数据。由于国泰安数据只披露截至 2016 年的相关数据，2017 年以后的地方数据使用《中国区域经济统计年鉴》《中国住户调查年鉴》《中国区域经济统计年鉴》和《中国城市统计年鉴》等地方年鉴数据库进行补充。为提高数据的准确性，将国泰安数据库中的数据与手工整理的年鉴数据进行了交叉校验，修正了存在明显错误的数据。

表 6-4 第 1~2 行展示了回归模型核心变量的描述性统计，根据每一笔民间借贷微观样本发生的时间和地点，确定该笔民间借贷发生地是否属于实验组($treat$)，以及是否发生在政策冲击之后($post$)。民间借贷样本数据中的 42.9% 属于实验组，10.2% 发生在政策事件(2016 年 10 月 30 日)之后。第 3~4 行展示了借款发生所在月度网贷行业的综合规模和价格，样本观测期间的全国平均成交总额(amt_p2p)是 497.9 亿元，平均综合利率(r_p2p)是 12.014%。第 5~11 行展示了样本观测值的宏观经济指标，其中人均贷款余额与人均 GDP 之比(FIN)为 0.876，人均 GDP(gdp)平均值为 4.955 万元，第一产业占比(fst)的平均值为 12.79%，第二产业占比(snd)的平均值为 48.92%，每万平方千米小贷公司数量(inf)平均值 38.52 个，户籍人口(pop)平均值为 444.4 万人。

表 6-4 城市层面数据描述性统计（$N=1\,671\,046$）

变量名	变量描述	均值	标准差	最小值	中位数	最大值
$treat$	借贷双方所在城市是否为处理组（是=1）	0.429	0.495	0	0	1
$post$	借贷发生时间是否在政策冲击后（是=1）	0.102	0.148	0	0	1
amt_p2p	借款发生所在月度网贷平台成交总额（亿元）	497.9	295.3	105.4	460.7	974.6
r_p2p	借款发生所在月度网贷平台综合利率（%）	12.014	3.413	9.21	10.12	21.63
FIN	人均贷款余额与人均GDP之比	0.876	0.508	0.118	0.719	5.305
gdp	人均GDP（万元）	4.955	4.935	0.510	3.415	52.22
gth	GDP增长率	11.22	7.536	−19.42	10.33	31.56
fst	第一产业占比（%）	12.79	7.980	0.03	11.94	49.89
snd	第二产业占比（%）	48.92	10.27	14.95	49.37	89.34
inf	每万平方千米小贷公司数量	38.52	47.789	0.404	30.25	560.841
pop	户籍人口（百万）	4.444	3.129	0.195	3.775	33.92

6.4 实证结果

6.4.1 多期平行性检验

双重差分模型需要满足平行趋势的基本前提假设,即实验组和对照组的变化趋势的差异只能发生在政策发生时间点后,事件前实验组和对照组的变化趋势应当一致,否则估计出来的系数可能是由政策发生之前的某些因素驱动的,而非事件本身。本节将政策影响的效果进行图示化直观展示,将式(6-1)中的事件前后虚拟变量($post$)替换为17个年—月虚拟变量($post_t$,$t \in (-12,6]$,$t \in \mathbb{N}$),估计各年—月虚拟变量($post\_t$)与实验组变量($treat$)交互项前的系数。参照日期采用政策事件前一个月,即2016年7月。

估计结果在图6-4中显示,圆点所在位置的横坐标代表与政策事件月的月数距离,纵坐标估计系数,线段上端和下端分别代表估计系数95%置信区间的两端。图6-4的结果显示,在事件发生前一年的各月,实验组和对照组的民间借贷利率没有显著差异;在事件发生后的半年中,实验组的利率显著高于对照组的利率。事件前的各个估计系数不显著异于0,说明了事件后的民间借贷利率差异不是由实验组和对照组之间不可观测的潜在变量的干扰引起的。

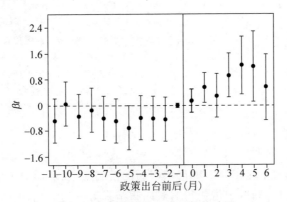

图 6-4 多期双重差分的系数估计图

6.4.2 主要回归结果

表6-5展示了式(6-1)的回归结果,本章主要关注 $treat \times post$ 前的回

归系数,该系数代表了网贷监管规范政策前后实验组和对照组所在地区民间借贷利率的变化差异。

表 6-5 网络借贷对民间借贷利率的因果影响

变量名	(1) 全样本 r	(2) 全样本 r	(3) 全样本 r	(4) 有息贷样本 PIR	(5) 有息贷样本 PIR	(6) 有息贷样本 PIR
$treat \times post$	1.302*** (4.762)	1.669** (2.392)	1.639* (1.845)	3.234*** (4.042)	3.645*** (2.834)	3.586** (2.172)
$treat$	0.021 (0.752)	0.012 (0.894)		0.104 (0.352)	0.151 (0.452)	
$post$	−1.202*** (−4.425)	−0.669** (−2.214)	−0.639* (−1.951)	−2.445*** (−4.044)	−1.045* (−1.864)	−1.084* (−1.912)
Baseline Mean	8.378	8.036	8.039	23.578	23.678	23.778
Controls	No	Yes	Yes	No	Yes	Yes
BIN FE	No	Yes	Yes	No	Yes	Yes
City FE	No	No	Yes	No	No	Yes
Year FE	No	Yes	Yes	No	Yes	Yes
Season FE	No	Yes	Yes	No	Yes	Yes
N	1 671 046	1 671 046	1 671 046	301 034	301 034	301 034
adj. R-sq	0.062	0.065	0.103	0.116	0.105	0.152

注:括号中的是 t 值,采用地级层面的聚类稳健标准误计算;*** 表示在1%水平下统计显著,** 表示在5%水平下统计显著,* 表示在10%水平下统计显著;Baseline Mean 指回归样本因变量均值;Controls 指借款发生所在城市上一年度的经济金融宏观变量,以及借贷双方的性别、年龄以及年龄的平方项;BIN FE 指借款类型固定效应,借款类型按照金额是否超过所在城市借款年度借款金额中位数(×2)、是否约定期限(×2)、是否约定抵押品(×2)、是否用于消费(×2)分为 16 组;City FE 指借款发生所在城市固定效应;Year FE 指借款发生的年度固定效应;Season FE 指季度固定效应。

表 6-5 第(1)列至第(3)列展示了全样本的结果,第(4)列至第(6)列展示了有息贷样本的回归结果。第(2)列和第(4)列分别在第(1)列和第(3)列的基础上,加入了城市层面和借款层面的控制变量,从而避免事件发生伴随着其他宏观经济和微观借贷行为对回归结果造成的干扰,例如,城市层面金融和经济发展以及不同城市借款特征差异导致的民间借贷利率的变化。第(3)列和第(6)列分别在第(2)列和第(4)列的基础上,把实验组虚拟变量进一步替换为城市层面的固定效应,这一做法进一步排除了其他不可观测的城市层面所有不随时间变化的潜在变量对于回归结果造成的干扰,例如,城

市的儒家文化和司法治理程度等指标。至此,第(3)列和第(6)列同时控制了城市层面的宏观变量、借款层面控制变量,以及城市固定效应、年度固定效应和季节固定效应。

结合表6-5第(3)列和第(6)列的回归结果发现,$treat \times post$ 项的回归系数显著大于0,从经济学意义上来看,政策出台之后实验组民间借贷利率比对照组高约164个基点,其中有息贷样本提升约359个基点。回归结果与假设H1一致,即非正规金融规模的外生性下降促进传统民间借贷利率上升。

接下来,采用有息贷样本,对主要回归结果进行稳健性检验和异质性分析。

6.4.3 稳健性检验

(1) 倾向得分匹配分析

为进一步控制政策以外的其他城市层面的差异对传统民间借贷的影响,本节利用倾向得分匹配法(PSM),重新构建对照组进行分析。具体做法是通过Logit模型估计倾向得分,该回归模型如下[见式(6-2)]:

$$treat_{ict} = \beta\sigma_{ct} + \gamma X_{ict} + \varepsilon_{ict} \qquad (6-2)$$

等式左边的因变量是民间借贷发生地点是否为实验组,等式右边的自变量是用于配比的协变量,包括借款层面特征 σ_{ct} 以及城市层面控制变量 X_{ict}。根据上述模型估计出的倾向得分,进行1∶1抽样放回最近马氏距离的配对,使得实验组的样本匹配到与其最为相似的对照组样本。最后,根据匹配样本重新对式(6-1)进行双重差分回归估计。表6-6的Panel A对匹配后的实验组和对照组的协变量均值进行了比较,发现匹配后两组的特征变量不存在显著差别,具有较强的可比性。Panel B展示了匹配后的回归结果,第(1)列至第(6)列显示,交互项前系数均显著为正,与倾向得分匹配前的回归结果一致,进一步排除实验组和对照组所在城市层面的其他因素对基本结论的干扰,说明本章回归结果具有一定稳健性。

表6-6 倾向得分匹配双重差分(PSM-DID)

Panel A:倾向得分匹配后实验组和对照组的均值比较			
变量名	实验组	对照组	差异 p 值
amount	27.47	27.58	0.37
term	194.6	195.4	0.54
term_openend	0.761	0.759	−0.38

续表

Panel A：倾向得分匹配后实验组和对照组的均值比较

变量名	实验组	对照组	差异 p 值
collateral	0.313	0.321	0.78
CON	0.098	0.102	0.46
FIN	0.845	0.862	0.52
gdp	4.961	4.958	−0.89
gth	11.56	10.56	−0.74
snd	48.52	48.91	0.59
inf	38.41	38.49	0.56
pop	4.455	4.586	0.42

Panel B：PSM-DID 回归结果

变量名	(1)	(2)	(3)	(4)	(5)	(6)
	全样本			有息贷样本		
	r	r	r	PIR	PIR	PIR
treat×post	1.282***	1.463**	1.422*	3.129***	3.232***	3.532**
	(4.341)	(2.561)	(1.911)	(4.542)	(2.621)	(2.373)
treat	0.014	0.022		0.219	0.134	
	(0.712)	(0.822)		(0.343)	(0.323)	
post	−1.202***	−0.669*	−0.639*	−2.445***	−1.045**	−1.086**
	(−4.414)	(−2.212)	(−1.924)	(−4.042)	(−2.264)	(−1.997)
Baseline Mean	8.378	8.036	8.039	23.578	23.678	23.778
Controls	No	Yes	Yes	No	Yes	Yes
BIN FE	No	Yes	Yes	No	Yes	Yes
City FE	No	No	Yes	No	No	Yes
Year FE	No	Yes	Yes	No	Yes	Yes
Season FE	No	Yes	Yes	No	Yes	Yes
N	818 812	818 812	818 812	147 508	147 508	147 508
adj.R-sq	0.082	0.085	0.123	0.126	0.125	0.148

注：括号中的是 t 值，采用地级层面的聚类稳健标准误计算；*** 表示在 1% 水平下统计显著，** 表示在 5% 水平下统计显著，* 表示在 10% 水平下统计显著；Baseline Mean 指回归样本因变量均值；Controls 指借款发生所在城市上一年度的经济金融宏观变量以及借贷双方的性别、年龄以及年龄的平方项；BIN FE 指借款类型固定效应，借款类型按照金额是否超过所在城市借款年度借款金额中位数(×2)、是否约定期限(×2)、是否约定抵押品(×2)、是否用于消费(×2)分为 16 组；City FE 指借款发生所在城市固定效应；Year FE 指借款年度固定效应；Season FE 指季度固定效应。

(2) 调整实验组产生方式后结果依然稳健

本节调整实验组的定义方式进行稳健性检验。在 6.2.1 节中定义实验组为城市中所有平台在政策出台之前均不符合监管规定,按照这个定义,得到实验组城市 45 个,对照组城市 128 个。保持实验组和对照组的其他条件不变,将实验组定义进行边际上的放松:若该城市至少存在一个平台不符合监管规定即定义为实验组,调整后实验组变量记为 $treat2$。将式(6-1)等号右侧的实验组变量($treat$)替换为调整后实验组变量($treat2$)进行回归估计,回归结果如表 6-7 所示。

表 6-7 调整实验组产生方式

变量名	(1) 全样本 r	(2) 全样本 r	(3) 全样本 r	(4) 有息贷样本 PIR	(5) 有息贷样本 PIR	(6) 有息贷样本 PIR
$treat2 \times post$	1.013***	1.035**	0.928*	2.613***	2.431***	2.385**
	(4.642)	(2.134)	(1.763)	(4.312)	(2.452)	(2.142)
$treat2$	0.120	0.137		0.954	0.253	
	(0.912)	(0.611)		(1.154)	(1.321)	
$post$	−1.101***	−0.493**	−0.532*	−2.423***	−1.341**	−1.783*
	(−4.251)	(−2.322)	(−1.821)	(−4.362)	(−1.967)	(−1.902)
$Baseline\ Mean$	8.378	8.036	8.039	23.578	23.678	23.778
$Controls$	No	Yes	Yes	No	Yes	Yes
$BIN\ FE$	No	Yes	Yes	No	Yes	Yes
$City\ FE$	No	No	Yes	No	No	Yes
$Year\ FE$	No	Yes	Yes	No	Yes	Yes
$Season\ FE$	No	Yes	Yes	No	Yes	Yes
N	1 671 046	1 671 046	1 671 046	301 034	301 034	301 034
$adj.R\text{-}sq$	0.081	0.068	0.121	0.116	0.104	0.132

注:括号中的是 t 值,采用地级层面的聚类稳健标准误计算;*** 表示在 1% 水平下统计显著,** 表示在 5% 水平下统计显著,* 表示在 10% 水平下统计显著;$Baseline\ Mean$ 指回归样本因变量均值;$Controls$ 指借款发生所在城市上一年度的经济金融宏观变量以及借贷双方的性别、年龄以及年龄的平方项;$BIN\ FE$ 指借款类型固定效应,借款类型按照金额是否超过所在城市借款年度借款金额中位数(×2)、是否约定期限(×2)、是否约定抵押品(×2)、是否用于消费(×2)分为 16 组;$City\ FE$ 指借款发生所在城市固定效应;$Year\ FE$ 指借款年度固定效应;$Season\ FE$ 指季度固定效应。

$treat2 \times post$ 交互项前系数是本节所关心的系数,表 6-7 第(1)列至第(6)列显示,该系数均显著大于 0。从经济学意义上来看,以第(3)列和第(6)列为例,政策出台之后实验组民间借贷利率比对照组高 93 个基点,其中有息贷样本提升 239 个基点。值得注意的是,对比表 6-7 和表 6-5,发现调整后实验组的利率变化相对来说更小。这个结果符合经济学直觉:调整后的实验组范围更宽,相比原来的实验组定义,它既包含全部网贷平台均受到监管冲击的城市,还包含部分网贷平台受到监管冲击的城市,后者所受到的冲击程度小于前者。原来的实验组仅包含前者,而调整后实验组的估计系数是前者与后者的综合效应。

(3)安慰剂检验:改变政策发生时间

为确保实验组和对照组的民间借贷利率变化差异是由网贷平台监管规范政策而非其他政策引起的,本节更换双重差分的政策冲击时点进行安慰剂检验。假设该政策的颁布时间提前 12 个月[①],构造政策颁布事件的伪政策事件虚拟变量($post2$),并用其来替换式(6-1)中的政策事件虚拟变量($post$),回归结果在表 6-8 第 1 行显示,交互项前系数均不显著,说明实验组和对照组之间的民间借贷利率差异变化在政策颁布前尚未发生,仅发生在监管政策颁布之后。本节为网贷监管规范政策冲击对民间借贷利率的影响提供了补充证据。

表 6-8 安慰剂检验

变量名	(1) 全样本 r	(2) 全样本 r	(3) 全样本 r	(4) 有息贷样本 PIR	(5) 有息贷样本 PIR	(6) 有息贷样本 PIR
$treat \times post2$	0.302 (0.762)	0.668 (0.812)	0.433 (0.522)	0.234 (1.541)	0.645 (1.432)	0.586 (1.392)
$treat$	0.021 (0.651)	0.012 (0.802)		0.083 (0.251)	0.129 (0.823)	
$post2$	−1.202*** (−4.615)	−0.627* (−2.211)	−0.513 (−0.952)	−2.841*** (−4.042)	−1.023* (−1.816)	−1.075 (−1.022)
Baseline Mean	8.378	8.036	8.039	23.578	23.678	23.778
Controls	No	Yes	Yes	No	Yes	Yes

① 参考吉赟、杨青(2020),假设事件提前一年发生。

续表

变量名	(1) 全样本	(2) 全样本	(3) 全样本	(4) 有息贷样本	(5) 有息贷样本	(6) 有息贷样本
	r	r	r	PIR	PIR	PIR
$BIN\ FE$	No	Yes	Yes	No	Yes	Yes
$City\ FE$	No	No	Yes	No	No	Yes
$Year\ FE$	No	Yes	Yes	No	Yes	Yes
$Season\ FE$	No	Yes	Yes	No	Yes	Yes
N	1 671 046	1 671 046	1 671 046	301 034	301 034	301 034
$adj.R\text{-}sq$	0.007	0.061	0.092	0.006	0.101	0.102

注：括号中的是 t 值，采用地级层面的聚类稳健标准误计算；*** 表示在1%水平下统计显著，** 表示在5%水平下统计显著，* 表示在10%水平下统计显著；$Baseline\ Mean$ 指回归样本因变量均值；城市层面控制变量指借款发生所在城市上一年度的经济金融宏观变量；借款层面控制变量包括借贷双方的性别、年龄以及年龄的平方项；$BIN\ FE$ 指借款类型固定效应，借款类型按照金额是否超过所在城市借款年度借款金额中位数（×2）、是否约定期限（×2）、是否约定抵押品（×2）、是否用于消费（×2）分为16组；$Year\ FE$ 指借款年度固定效应；$City\ FE$ 指借款发生所在城市固定效应。

6.4.4 异质性分析

（1）非正规金融对民间借贷利率的影响主要集中在高分位利率

6.4.2 节的回归结果表明，当某地区的网贷行业受到监管规范政策负向冲击的时候，该地区的部分借款需求会回到传统的民间借贷行业，这部分需求会使得该地区的民间借贷利率提升。那么，网贷需求溢出效应带来的民间借贷需求提升，究竟体现在高分位利率还是低分位利率呢？

本节将式(6-1)因变量替换为利率虚拟变量：利率是否超过12%（PIR_12）、利率是否超过24%（PIR_24）、利率是否超过36%（PIR_36）；使用上述三个虚拟变量作为因变量分别对式(6-1)进行估计，回归结果在表6-9中展示。第(1)列第1行显示，交互项前系数不显著，第(2)列和第(3)列的第1行显示，交互项前系数显著大于0。这说明利率差异变化主要体现在年化利率大于12%的民间借贷契约中。实验组和对照组的利率变化差异，主要体现在更多民间借贷契约选择了高利率。例如，超过24%和超过36%的利率占比更高。

表 6-9　不同利率区间段的异质性分析

变量名	(1) PIR_12	(2) PIR_24	(3) PIR_36	(4) PIR
$treat \times post$	0.030 (1.241)	0.069*** (2.842)	0.039*** (3.851)	3.586** (2.171)
Baseline Mean	0.824	0.279	0.049	8.039
Controls	Yes	Yes	Yes	Yes
BIN FE	Yes	Yes	Yes	Yes
City FE	Yes	Yes	Yes	Yes
Year FE	Yes	Yes	Yes	Yes
Season FE	Yes	Yes	Yes	Yes
N	301 034	301 034	301 034	301 034
adj. R-sq	0.102	0.125	0.133	0.152

注：括号中的是 t 值，采用地级层面聚类稳健标准误计算；*** 表示在 1% 水平下统计显著，** 表示在 5% 水平下统计显著，* 表示在 10% 水平下统计显著；Baseline Mean 指回归样本因变量均值；Controls 指借款发生所在城市上一年度的经济金融宏观变量以及借贷双方的性别、年龄以及年龄平方项；BIN FE 指借款类型固定效应，借款类型按照金额是否超过所在城市借款年度借款金额中位数(×2)、是否约定期限(×2)、是否约定抵押品(×2)、是否用于消费(×2)分为 16 组；City FE 指借款发生所在城市固定效应；Year FE 指借款年度固定效应；Season FE 指季度固定效应。

回归结果表明，网贷平台监管带来的网贷规模下降具有风险溢出效应，造成民间借贷市场的高利率借贷增多，风险出现积累。上述网贷平台的监管政策对民间借贷市场的溢出效应值得纳入政策制定者的考量范围。

(2) 民间借贷利率变化主要体现在大额且有明确期限的利率合约

为了更加充分利用微观数据的优势，本节还从借贷合约特征和微观主体的视角探究网贷对传统民间借款的影响差异。以网贷为代表的非正规金融对民间借贷的影响是否在不同的借款类型上具有差异？为了回答这个问题，本节对不同的借款契约类型进行异质性分析。在式(6-1)右侧分别加入借款用途虚拟变量(CON)、借款金额是否大于该城市事件发生前借款金额的中位数(large)[1]、借款期限是否开放(term_openend)、借款是否存在抵押品，以及这些虚拟变量与原交互项的交互项($CON \times treat \times post$；$large \times treat \times post$；$term\_openend \times treat \times post$；$collateral \times treat \times post$)，并分

---

[1] 根据各城市中位数进行划分，是因为目前民间借贷大小额的认定没有统一标准。例如，浙江省温州市规定，大额民间借贷为单笔借款金额 300 万元以上；而福建省晋江市则规定，单笔借款金额 200 万元以上即为大额民间借贷。

别对式(6-1)进行估计,估计结果见表 6-10。

表 6-10 借款类型的异质性分析

	(1) PIR	(2) PIR	(3) PIR	(4) PIR
$CON \times treat \times post$	−0.301*** (−4.911)			
$large \times treat \times post$		3.068** (2.042)		
$term\_openend \times treat \times post$			−2.609*** (−3.101)	
$collateral \times treat \times post$				1.232 (1.021)
$treat \times post$	3.834** (2.312)	0.381 (1.011)	3.928** (2.432)	3.478** (2.164)
Baseline Mean	23.278	23.620	23.705	23.599
Controls	Yes	Yes	Yes	Yes
BIN FE	Yes	Yes	Yes	Yes
City FE	Yes	Yes	Yes	Yes
Year FE	Yes	Yes	Yes	Yes
Season FE	Yes	Yes	Yes	Yes
N	301 034	301 034	301 034	301 034
adj.R-sq	0.138	0.161	0.147	0.159

注:括号中的是 t 值,采用地级层面的聚类稳健标准误计算;*** 表示在1%水平下统计显著,** 表示在5%水平下统计显著,* 表示在10%水平下统计显著;Baseline Mean 指回归样本因变量均值;Controls 指借款发生所在城市上一年度的经济金融宏观变量以及借贷双方的性别、年龄以及年龄的平方项;BIN FE 指借款类型固定效应,按照借贷双方的性别分为4组;Year FE 指借款年度固定效应;City FE 指借款发生所在城市固定效应;Season FE 指季度固定效应。

从借款用途来看,表 6-10 第(1)列回归结果显示,无论是生产型还是消费型的民间借贷,借款利率都受到显著影响,但是从经济学意义上来看,二者的影响存在一定差别。生产型借款的民间借贷利率变化差异是 383 个基点,而消费型借贷的利率变化相比生产型借贷小 30 个基点。从借款金额来看,第(2)列回归结果显示,民间借贷利率变化差异主要体现在各地区的大额借款中。从借款期限来看,第(3)列回归结果显示,民间借贷利率变化差异主要体现在有明确约定期限的借款上:对于有明确约定期限的借款,利率变化差异是 392 个基点,对于没有明确约定的借款,利率变化差异仅有

131(392-261=131)个基点。从借款抵押情况来看,第(4)列回归结果表明,有抵押借款和无抵押借款之间的民间借贷利率变化差异并没有显著差别。

(3) 民间借贷利率变化主要体现在四十岁以下的男性借款者

本节从微观主体视角进行异质性检验,探究网贷对传统民间借款的影响及在不同的借贷和出借主体之间是否具有显著差异。首先,关注借贷双方性别之间的差异。在式(6-1)右侧分别加入借款方性别($sex\_borrower$)和出借方性别(sex_lender)与交互项($treat \times post$)的交互项($sex \times treat \times post$),并分别对式(6-1)进行估计,估计结果见表6-11第(1)列和第(2)列。回归结果显示,民间借贷利率变化差异主要体现在男性借款人上,根据表6-11第(1)列的回归系数,对于男性借款人来说,实验组和对照组城市的民间借贷利率变化差异是419个基点(361+58=419),对于女性借款者来说,利率变化差异是58个基点。第(2)列的性别交互项回归系数不显著,说明从出借人的角度来看,民间借贷利率变化差异在男性和女性出借人之间并没有显著差异。上述结论在一定程度上体现了网贷市场的主力军为男性,男性借款者受到网贷监管政策的影响更大,因此,男性借款者在传统民间借贷市场的借贷需求的变化大于女性借款者。

表6-11 性别和年龄层面的异质性分析

变量名	(1) PIR	(2) PIR	(3) PIR	(4) PIR
$sex\_borrower \times treat \times post$	3.611*** (4.762)			
$sex\_lender \times treat \times post$		0.168 (1.042)		
$young\_borrower \times treat \times post$			1.609*** (3.623)	
$young\_lender \times treat \times post$				1.369 (1.394)
$treat \times post$	0.581** (2.174)	3.381** (2.561)	1.188** (2.434)	3.239** (2.172)
Baseline Mean	23.578	23.678	23.779	23.776
City-level Controls	Yes	Yes	Yes	Yes
BIN FE	Yes	Yes	Yes	Yes

续表

变量名	(1) PIR	(2) PIR	(3) PIR	(4) PIR
$City\ FE$	Yes	Yes	Yes	Yes
$Year\ FE$	Yes	Yes	Yes	Yes
$Season\ FE$	Yes	Yes	Yes	Yes
N	301 034	301 034	301 034	301 034
$adj.R\text{-}sq$	0.132	0.147	0.129	0.153

注：括号内是 t 值，采用地级层面的聚类稳健标准误计算；*** 表示在 1% 水平下统计显著，** 表示在 5% 水平下统计显著，* 表示在 10% 水平下统计显著；$Baseline\ Mean$ 指回归样本因变量均值；$City\text{-}level\ Controls$ 指借款发生所在城市上一年度的经济金融宏观变量；$BIN\ FE$ 指借款类型固定效应，借款类型按照金额是否超过所在城市借款年度借款金额中位数（×2）、是否约定期限（×2）、是否约定抵押品（×2）、是否用于消费（×2）分为 16 组；$City\ FE$ 指借款发生所在城市固定效应；$Year\ FE$ 指借款年度固定效应；$Season\ FE$ 指季度固定效应。

接下来，关注借贷双方年龄区间段不同带来的差异。分别根据借贷双方年龄是否在借款者中位数（39 岁）和出借者中位数（42 岁）以下，构建借款者年龄虚拟变量（$young\_borrower$）和出借者年龄虚拟变量（$young\_lender$），若低于中位数则虚拟变量定义为 1。在式（6-1）右侧分别加入借款方年龄（$young\_borrower$）和出借方年龄（$young\_lender$），并分别加入这两个变量与交互项（$treat \times post$）的交互项（$young \times treat \times post$），再次对式（6-1）进行估计，估计结果见表 6-11 的第（3）列和第（4）列。回归结果显示，民间借贷利率变化的差异主要体现在年轻借款人中，根据表 6-11 第（3）列的回归系数，对于 39 岁以下的年轻借款人来说，实验组和对照组民间借贷利率变化差异是 280 个基点（161＋119＝280），对于 39 岁以上的借款者来说，利率变化差异是 119 个基点。表 6-11 第（4）列的年龄交互项回归系数不显著，说明从出借人的角度来看，民间借贷利率变化差异在年轻和年长的出借人之间并没有显著差异。上述关于借贷双方人口学特征的异质性检验结果与文献中网贷平台的借款者以青年男性为主的结论具有一致性（廖理、张伟强，2017）。

6.5 本章小结

本章依托清华大学金融科技研究院的网贷平台静态数据库，并充分利用民间借贷数据库中可以观测到的网贷平台监管政策前后不同地区的变化差异,研究以网贷平台为代表的新兴非正规融资模式对传统民间借贷利率的影响。具体而言,本章利用网贷行业规范阶段针对平台的 ICP 和银行存管两个合规政策,使用双重差分模型识别合规政策带来的网贷规模外生性下降对传统民间借贷利率的影响。在满足双重差分模型的平行趋势检验前提下,主要结果表明,相比未受到行业合规政策影响的地区,受到网贷行业合规政策影响的区域呈现如下特征:本地的网络借贷平台数量减少,网络借贷平台的成交规模下降,传统民间借贷的平均借款利率上升 163 个基点,其中,有息贷样本的借款利率上升 418 个基点。上述双重差分回归结果在倾向得分匹配后依然显著。此外,放松实验组的定义方式以及改变政策发生时间的安慰剂检验表明,网贷规模的外生性改变对传统民间借贷的利率有显著影响,说明以网贷为代表的非正规金融与传统民间借贷存在相互替代效应。

回归结果异质性检验发现,非正规金融对民间借贷利率的影响主要体现在高分位利率借款。回归结果具有一定政策实践意义:网贷平台的行业监管,初衷是为了降低网贷的风险,但是监管带来的网贷规模下降可能会释放到传统民间借贷市场中,造成民间借贷市场的高利率借贷增多,风险出现积累。上述网贷平台的监管政策对民间借贷市场的溢出效应值得纳入政策制定者考量范围。

异质性检验还充分利用微观数据的优势,从借贷合约特征和微观主体的视角探究网贷对传统民间借款的影响差异。研究发现网贷对传统民间借贷的影响主要体现在大额且有明确期限的利率合约以及四十岁以下的男性借款者,此外,非正规金融对民间借贷利率的影响在有抵押借款和无抵押借款之间并没有显著差别。

本章的主要学术贡献在网贷平台与传统民间借贷关联领域。目前网贷与传统民间借贷是相互分开的两个研究领域,学术界并没有关注网贷与传统民间借贷之间的关联,过往针对网贷行业的研究文献主要集中在对单个平台的微观研究上,主要研究的是投资者和借款者的行为。本章开创性地从宏观视角研究了网贷行业受到行业监管后对于传统民间借贷市场的溢出效应。

本章的主要创新点在于,第一,从实证方法上进行创新。以往学术研究主要将网贷行业作为一个跨地区的全国性金融活动,并未考虑不同地区网贷活跃度的差异。而本章巧妙利用了政策的异质性冲击,识别了网贷规模的外生性变化对传统民间借贷的因果影响:一方面,网贷行业监管政策细则针对不同平台有不同的效力,且该政策效力具有一定外生性,为实证策略提供了良好环境;另一方面,网贷行业经历了发展阶段和规范阶段两个阶段,有助于理解部分地区非正规金融规模缩减过程中,民间借贷利率是如何演进的。

第二,在数据上进行创新。随着网贷行业的兴衰与网贷行业面临的行业监管,传统民间借贷是否受到了影响?传统民间借贷的利率是否受到了影响?不同区域和不同类型的民间借贷所受影响有何差别?这是一个重要话题。经济学直觉告诉我们,各地网贷行业的普及程度和发展情况不同,网贷行业的兴衰与监管在不同区域的强度和变化程度不同,因此传统民间借贷受到的影响也不相同。但遗憾的是,以往文献受限于数据可得性,传统民间借贷的数据主要集中在温州等少数区域,无法观测并检验不同区域所受影响的横截面差异。本章充分利用清华大学金融科技研究院的网贷平台静态数据库以及民间借贷大数据库的优势,利用网贷行业的监管政策,识别了网贷平台对传统民间借贷的因果影响。

第 7 章 社会关系对民间借贷利率的影响
——零息贷视角

7.1 引 论

第 5 章和第 6 章的研究发现,以银行和小贷公司为代表的正规金融的发展和设立,以及以网贷平台为代表的非正规金融的发展和规范,是影响我国传统民间借贷利率的外部宏观因素。地区平均借贷利率等于地区有息贷利率与地区有息贷比例之积。如图 7-1 所示,宏观因素能够解释有息贷利率,但是对零息贷[①]并没有显著影响:如图 7-2 和图 7-3 所示,零息贷占比与地区金融发展无显著关系,无论是地区的金融机构网点个数还是贷款余额,均没有与地区的零息贷占比呈现出明显的相关性[②]。接下来,一个尚未探讨但又十分重要的问题便是:到底是什么因素决定了大量零息贷的产生?上两章对宏观因素的探索并没有找到明确答案,本章诉诸微观因素。

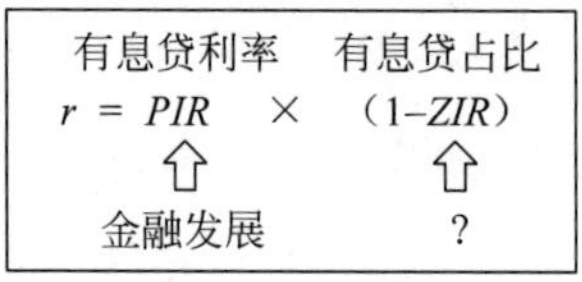

$$r = \underset{\substack{\Uparrow \\ \text{金融发展}}}{\underset{\text{有息贷利率}}{PIR}} \times \underset{\substack{\Uparrow \\ ?}}{\underset{\text{有息贷占比}}{(1-ZIR)}}$$

图 7-1 本章与前述实证章节关联图示

对于零息贷的研究最早源于社会学:借贷双方之间的社会关系对于双方的借贷利息具有决定性作用。费孝通(2019)指出,中国传统社会结构中存在差序格局:以血缘、亲缘和地缘为纽带,处于社会关系之中的人就像把一块石头丢在水面上所产生的波纹,每个人是一个中心。基于这种社会关

[①] 下文"有息贷"与"非零息贷"交替使用,不作区分;"零息贷"与"非有息贷"交替使用,不作区分。

[②] 除上述两个指标以外,对其他地区金融发展指标均进行了散点图相关性分析,得出的结论具有一致性:宏观因素对零息贷选择缺乏较强的解释力。

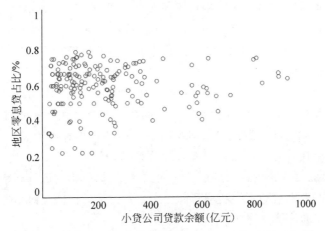

图 7-2　地区小贷公司贷款余额与零息贷占比无显著相关关系

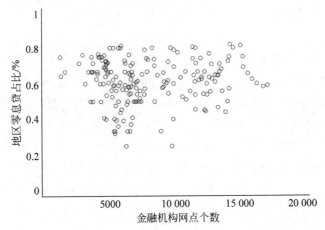

图 7-3　地区银行网点个数与零息贷占比无显著相关关系

系,费孝通(2006)通过对 1936 年苏浙一带开弦弓村庄的社会调查,从社会关系的角度探讨民间借贷活动存在的原因,认为"民间借贷是基于熟人关系的了解与信任,亲戚朋友之间产生的短期借贷,是不需要支付利息的"。《农村实态调查报告》的记载也表明,20 世纪 30 年代我国东北地区超过半数的民间借贷合约都是零息贷。正如费孝通先生所描述的,零息贷普遍而广泛地出现在我国古代和现代社会中。

研究中国社会关系对民间借贷利率的影响,是一个具有时代意义的重要课题。我国居民的收入结构已经与费老所说的"从土地中刨食"相去甚远[①]。改革开放以来,随着我国城镇化的不断发展,产业结构也在不断转型。2019年,我国最新统计数据显示常住人口的城镇化率超过60%,农业产值仅占总产值的7%。这是从"乡土中国"到"市场中国"的跨越与转变,中国农村已经从"熟人社会"向"半熟人社会"转变,人际关系开始理性化。在这样的大背景下,传统社会结构与民间借贷利息的关系也可能发生了深刻的转变。即使百年之后的中国民间借贷市场仍然存在大量的零息贷[②],但是零息贷背后的机制可能随着人际关系的理性化而出现转变。那么,在当今中国,紧密连接的亲人和朋友之间的借贷,如何影响借贷利率?又是通过哪些渠道来影响利率?利率降低了多少?人情的价值几何?这些都是具有重要意义的经济学课题。

遗憾的是,目前学术界对这个话题的探讨十分匮乏。受限于微观数据可得性,以往研究主要关注社会网络对民间借贷行为的影响(Kinnan & Robert,2012;杨汝岱等,2011;胡枫、陈玉宇,2012;马宏、张月君,2019;徐丽鹤、袁燕,2017),较少关注民间借贷价格(徐丽鹤、袁燕,2013),更少关注零息贷的产生机制(李楠,2016)。正如第3章文献综述中所提到的,目前的理论和实证文献并不能对零息贷进行解释:基于土地租佃关系的土地流转零租金(Brandt & Hosios,2010)不能解释货币型借贷关系中的零息贷;传统信息经济学文献(Stiglitz,1990;Varian,1990;Banerjee et al.,1994)不能解释零息贷的出现(Turvey & Kong,2010;Turvey et al.,2010;Lee & Persson,2016);信用市场分割下的利他和互助保险理论(Udry,1994;Kocherlakota,1996;Ray,1998;Dreze et al.,1998;Kimball,1988;Fafchamps,1999;Foster & Rosenzweig,2001)不能解释大量生产型零息贷的存在。

幸运的是,本书使用的民间借贷微观数据能够有效突破微观数据可得性的限制,开创性地利用借款文书大数据,从零息贷选择的视角,研究社会关系对民间借贷利率的影响。本章主要结论是:(1)控制其他因素不变,紧

---

① 贺雪峰在《新乡土中国》中写道:"费孝通先生的《乡土中国》写作于20世纪40年代后期,当时的中国确实是一个乡土中国,农村是一个经济上自给自足的农村。而今天的中国已经不是那个'捆绑在土地上的中国'了。更重要的是,今天的中国农村已经不是自给自足的经济了,农民的消费与生产与城市紧密连接在一起,农民的后代在接受教育后进入城市。"

② 2011年北京大学—花旗银行农村金融调查显示,零息贷占比达到40%;霍学喜、屈小博(2005)调查显示,2000—2003年,我国西部农业区域的民间借贷中零息贷占比高达92%。

密型关系的平均借款利率比非紧密型关系的平均借款利率低197个基点；(2)平均借款利率的降低主要体现在选择零息贷概率的提升,借贷双方的社会关系紧密程度越高,发生零息贷的概率越高,紧密型关系之间签订零息贷合约的概率比非紧密型关系高9.94%；(3)一旦借贷双方约定有息贷,借贷双方之间的强连接关系与有息贷利率的多少没有显著关系。社会关系对零息贷选择的影响可能有执行成本机制,以及基于过往人情的连锁合约机制。上述回归结果表明,社会关系对于零息贷选择的影响是基于借贷双方人情往来的理性选择。

接下来在7.2节探讨研究假设和实证设计,在7.3节给出本章使用的数据及其描述性统计,在7.4节给出实证结果、稳健性检验和机制检验,最后在7.5节对整章研究内容进行小结。

7.2　研究假设和实证设计

7.2.1　研究假设

社会关系的紧密[①]程度如何对利率产生影响？信息经济学理论表明,基于血缘、地缘和业缘关系进行的金融交易有信息优势,认证成本和监督成本较低,能够有效降低信息不对称带来的逆向选择问题和道德风险问题(Stiglitz,1990；Varian,1990；Banerjee et al.,1994)。从逆向选择角度来看：亲密关系降低了借款者在借款前的逆向选择行为,借贷双方的关系越亲密,信息共享程度越高,逆向选择问题能够得到更好的缓解,出借人能够更好地判定借款者风险大小。从道德风险角度来看：一方面,借款者一旦违约面临的是亲密关系的破裂,亲密关系本质上是借款的抵押品,提高了违约的真实成本,降低了借款人的违约概率；另一方面,出借人更容易检验联系紧密的借款者的真实还款能力,出借者对借款者的监督成本更低。综上所述,无论是从道德风险还是从逆向选择理论来看,处于亲密关系之中的借贷双方的借贷利率都应该是更低的。基于此,本章提出假设1：

H1：借贷双方是亲密关系,借贷双方的约定借款利率更低。

进一步将利率分解为有息贷利率和零息贷选择,上述信息经济学理论对于借款利率是否为零并不能给出解释。从理论上来看,零息贷与有息贷有本质区别。从出借者来说,一笔相同数额的零息贷和有息贷带来的成本

[①] 下文"紧密"和"亲密"交替使用,不作区分。

相同,收益不同:有息贷归还本金和利息;零息贷仅需归还本金。如果不考虑其他理论,无论借贷双方的关系有多紧密,对于出借者来说,他在任何条件下都会偏好有息贷而非零息贷(Brandt & Hosios,2010)。因此,从信息经济学理论出发,社会关系对于借贷双方利率的影响只能解释有息贷利率下降,但无法解释零息贷的存在。基于此,本章提出假设2:

H2:借贷双方是亲密关系,借贷双方的约定有息贷借款利率更低。

社会关系如何影响借贷双方零息贷选择的概率?连锁合约理论(Brand & Hosios,2010)认为,签订零息贷合约的同时必然伴随着其他隐形合约的签订,否则出借人总会在任何条件下都拒绝签订零息贷合约。其他隐形合约的签订是对借款者没有获取利息的补偿。这种隐形的回报形式具体可能包括社会关系的维系与增强、对过去或者未来反向借贷行为的承诺、红白喜事等重大事件的礼金收入、互联性交易中的购买折扣等。当借贷双方是亲密关系时,借贷双方的人情往来活动更加频繁,签订隐形合约的概率更大,因此借贷双方约定零息贷的可能性更高。基于此,本章提出假设3:

H3:借贷双方是亲密关系,借贷双方约定零息贷合约的概率更高。

7.2.2 实证设计

在进行回归模型设计之前,需要对社会关系进行规范。从现有文献来看,如何度量"社会关系"是实证研究中的一个难题,"社会关系"的概念尚未清晰界定,不同的度量对社会网络领域的测度具有较大差异。在应用经济学领域,文献中对于社会关系的测度主要有两类:第一类是社交广度,社交广度(又称社会资本)是指某个体对外连接的数量。社交广度的度量方法多种多样,例如婚丧嫁娶以及逢年过节等时期礼金支出和礼金收入数额(何军等,2007;赵剑治、陆铭,2009;章元、陆铭,2009;马光荣、杨恩艳,2011;胡金焱、张博,2014)、电子邮件(Dodds et al.,2003;Eckmann et al.,2004)和通话记录(Onnela et al.,2007;Eagle et al.,2009)、亲戚和朋友的数量(Knight & Schmidt,2002;Burchardi,2011)、政府内部亲友数量(赵剑治、陆铭,2009;陈雨露等,2009)等。

社会关系的第二类是社交深度,指某个特定连接的紧密程度(Granovetter,1973)。本书所指的社会关系是指社交深度。Granovetter(1973)根据双方投入时间、情感强度、亲密程度与相互提供的服务等因素,把关系的深度划分为强连接和弱连接。强连接定义为十分稳定却范围有限的社会关系,特

第 7 章　社会关系对民间借贷利率的影响——零息贷视角

点是互动频率高、相互间感情投入多。与之对应的是弱连接,特点是互动频率低、相互间投入感情少。强连接关系存在于社会群体内部,而弱连接关系存在于社会群体之间。

在实证上对社会深度进行度量是一个难题。受限于数据可得性,目前大多数文献对社交深度采取间接度量方式,例如,根据双方居住地距离(Towe & Lawley, 2013; Malhotra et al., 2019; Agarwal et al, 2020)、工作单位(Kalda, 2020)、邻居信任指数(Isham et al., 2002)、姓氏结构(Peng, 2004; 马光荣、杨恩艳,2011;杨汝岱等,2011)等指标,对双方社会关系的紧密程度进行推理。这种间接推理的方式虽然具有一定可行性,但是相比直接获取借贷双方关系类别的方式,还是欠缺一定的准确度。

本章开创性地通过对民间借贷司法文书大数据的文本分析,直接识别借贷双方的关系类型。直接识别的优势在于,能够准确且细致地刻画借贷双方之间的关系。具体识别方式为:使用文本分析法,在一审判决书中提取"原告诉称"段落,识别原告被告关系[①]。图 7-4 展示了一份文书文本案例,在"原告诉称"段落,文字明确写明"原被告系战友关系",对于这份民间借贷样本案例,社会关系的文本变量记为"战友"。对社会关系从血缘关系[②]、

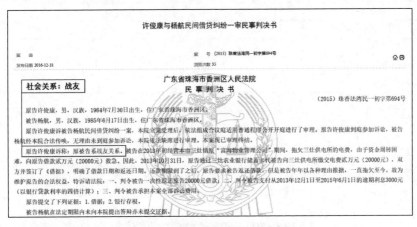

图 7-4　社会关系的文本识别案例

---

① 原被告关系的表述方式一般情况分为三类:原被告系×××;原告是被告的×××;被告是原告的×××。若段落无相关表示,则识别为空。

② 血缘关系包括"亲属/亲戚/兄弟/兄妹/姐弟/姐妹/父子/父女/母子/母女/甥舅/祖孙"。

业缘关系①、地缘关系②、过去关系③、朋友关系④进行定义,最终识别188 706个样本⑤,对非空变量样本进行1%随机抽取,并采用人工方式对案例中的信息和识别变量进行交叉比对,准确度为95%以上。

结合本章的研究问题,对上述识别到的188 706个样本,去除无法衡量社会关系紧密程度的模糊表述⑥。结合识别的文本现实情况,参考现有文献⑦,按照直系血亲、旁系血亲、同乡、同学、战友、邻居、同事、有共同朋友的分类进行统计。表7-1展示了本章所使用的社会关系变量的描述性统计,该表显示:在能够准确识别社会关系紧密程度的社会关系样本中,同事和同学之间的借款占比最多,分别占样本的25%和24%;其次是亲属之间的借款,占比18%,其中直系血亲占比10%,旁系亲属占比8%。有趣的是,邻居之间的借款排位第三,占比15%,甚至超过了旁系亲属本身,这也一定程度上验证了那句"远亲不如近邻"的谚语。此后,占比由多到少依次是,有共同朋友(10%)、同乡(5%)、战友(2%)。

表7-1 社会关系变量的描述性统计

社 会 关 系	样　本　量	占比/%
直系血亲	3236	10
旁系血亲	2843	8
同乡	1811	5
同学	8287	24
战友	841	2
邻居	5048	15

---

① 业缘关系包括"同事"。
② 地缘关系包括"邻居/村民/同村"。
③ 过去关系包括"同乡/老乡/同学/战友"。
④ 朋友关系包括"朋友/好友/老友/哥们/姐们/有共同朋友/经朋友介绍/通过朋友"。
⑤ 初步划分的社会关系样本描述性统计,请参见本书3.3节,本章针对研究问题,依据紧密程度对社会关系进行定义。
⑥ 如:朋友/好友/老友/哥们/姐们,此类称呼均泛称为朋友,但是朋友的关系可近可远,无法度量社会关系紧密度,因此不作为研究样本。
⑦ Granovetter(1973)将社会关系类型分为强连接和弱连接。其中,强连接包括了亲属(包括家属、亲戚)、朋友(包括同学、同事等),而弱连接则是除了强连接以外的其他所有社会关系,简称为其他人。边燕杰、张文宏(2001)把职业流动者所使用的社会关系分为三类:相识、朋友和亲属,Fan(2002)把关系分为三类:家族、互助和商业关系。张斌昌等(2020)把借贷双方关系分为相识(包括非亲非友的各种直接和间接关系)、商业关系(包括商业往来、商业伙伴、投资伙伴、合作伙伴等)、朋友(包括朋友、同事、同学、战友、同乡、同村、邻居等)、亲属(包括核心和扩大家庭的成员、血缘和姻缘关系等)、其他(曾为夫妻或者恋人)。

续表

社 会 关 系	样 本 量	占比/%
同事	8395	25
有共同朋友	3397	10
总计	33 858	100

基于上述社会关系类别,按照社会关系的紧密程度进一步划分(参考李伟民、梁玉成,2002),本章对社会关系的紧密度进行两种定义,对应的社会关系见表 7-2。第一种是二元定义,将社会关系分为紧密关系($close=1$)和非紧密关系。第二种是三元定义①,分为强连接($strong=1$)、弱连接($weak=1$)和其他连接。

表 7-2 社会关系紧密度的变量定义

社会关系	社会关系紧密度的变量定义		
	$close$	$strong$	$weak$
直系血亲	1	1	0
旁系血亲	1	1	0
同乡	1	0	1
同学	1	0	1
战友	1	0	1
邻居	0	0	1
同事	0	0	1
有共同朋友	0	0	0

本章将上述社会关系紧密程度变量作为核心解释变量,将约定利率作为核心被解释变量,构建如下双向交互固定效应回归模型[见式(7-1)]:

$$y_{ict} = \beta close_{ict} + \gamma X_{ict} + u_{ct} + \delta_t + \theta_c + \varepsilon_{ict} \tag{7-1}$$

其中,下标 i 表示单笔借款,下标 c 表示单笔借贷发生的城市,下标 t 表示单笔民间借贷发生的年度。上述回归模型核心被解释变量 y_{ict} 是民间借贷约定利率。为检验假设 H1,约定利率指标选取全样本约定利率(r);为检验假设 H2,约定利率指标选取有息贷样本的利率(PIR);为检验假设 H3,该指标选取虚拟变量零息贷(ZIR)。

---

① 根据刘馨(2010),血缘关系的亲属是所有关系中最稳定和最值得信赖的,老乡、同学、战友是基于过往经历的关系,邻居和同事是基于当前共同的地缘和业缘关系,也是一种有效的连接,而朋友的朋友则无密切的交往,且非亲非故,对其人品和信誉的了解程度也不如前者。

回归模型核心解释变量是社会关系紧密程度（$close_{ict}$），该变量前的系数 β 是研究假设所关心的系数，它的经济学含义是，社会关系紧密程度对利率的边际影响。进一步地，本章又将紧密的社会关系分为强连接（$strong$）和弱连接（$weak$）对模型进行估计。在稳健性检验中，对紧密程度的定义进行调整，并再次对模型进行估计。

回归模型中的 X_{ict} 代表了借款层面控制变量，具体包括：借款金额的对数及其平方；出借人性别；借款人性别；出借人年龄及其平方；借款人年龄及其平方；借款期限；是否有担保。加入借款层面控制变量的原因是，借款层面的变量有可能同时与借贷双方的关系紧密程度和约定利率相关，如果不加入这些控制变量，回归结果有可能出现遗漏变量偏误。

利用借款层面微观数据的自由度优势，对该模型进行双向交互固定效应处理。首先，为排除被解释变量和解释变量同时受到时间序列层面的宏观因素波动影响，对该回归模型进行时间固定效应处理（δ_t），时间 t 根据模型具体情况，代表年度、季度和月度；其次，为排除被解释变量和解释变量同时受到城市层面的不随时间变化的影响，加入城市固定效应（θ_c）；最后，城市层面宏观金融发展和经济发展等随时间变化的因素，在城市之间随时间变化而产生差异，有可能同时与借贷双方的关系和借款利率有关，故在回归模型中进行交互固定效应处理（u_{ct}）。在加入交互固定效应之后，模型控制了城市之间的随时间变化的差异，因此不再加入地方经济和社会发展指标。

值得注意的是，当回归方程因变量是虚拟变量零息贷（ZIR）选择时依然使用线性模型进行估计，主要有两方面原因：一是相比线性概率模型，线性模型的估计系数具有更好的经济学意义；二是回归模型存在双向固定效应，线性模型估计方法的计算速度和准确性都相对占优。此外，相关文献（Angrist & Pischke,2008）表明，线性概率模型的平均边际效应和线性模型系数在因变量平均值位于 0.8 以下时非常相近。当然，7.4.2 节的稳健性检验也给出了线性概率模型的估计结果。

7.3 数 据 描 述

7.3.1 借款层面数据

本章主要回归模型中所使用的微观借款层面数据，是第 4 章所描述的民间借贷数据样本的子样本。为了研究本章所涉及的社会关系对民间借贷利率的影响，子样本应满足如下条件：（1）借款人和出借人个数均为一个；

(2)借贷双方的主体是个人而非企业或其他法人机构,且与借款平台无关;(3)能够准确识别借贷双方的关系类别;(4)能够准确度量社会关系紧密程度[①];(5)为排除数据异常值可能引起的偏差,剔除有息贷借款利率最高和最低的1%的样本。同时对借款金额、借款期限、借贷双方年龄这些连续变量作1%的缩尾处理。符合上述条件的民间借贷样本量为36 751个。

满足上述条件的样本变量描述性统计如表7-3所示。第1行至第3行汇报民间借贷约定利率:样本中零息贷(ZIR)占比60.2%;有息贷年化利率(PIR)平均值为22.26%,中位数为24%;样本年化利率(r)平均值为6.26%。第4行至第7行汇报借款契约的其他信息,如借款金额($amount$)、借款期限($term$)、是否开放期限($term\_opened$)、是否有担保或抵押品($collateral$)。从借款金额来看:平均借款金额15.27万元,中位数5万元,借款金额呈现右偏分布,在回归模型中采用对数形式。从借款期限来看,平均借款期限约为180天,即大多数关系型借贷的约定还款期限是半年。86.7%的借款是开放型借款。10.8%的借款有担保或者抵押品。

表7-3的第8行至第14行汇报了借贷双方的社会关系类别的虚拟变量,包括是否为血亲(tie_kin)、是否为老乡(tie_fellow)、是否为同学(tie_alumni)、是否为战友($tie\_comrade$)、是否为邻居($tie\_neighbor$)、是否为同事(tie_work)以及是否有共同好友(tie_mutual),社会关系类别的划分和描述在7.2节实证设计中已经详细阐释,在此不再赘述。

表7-3的第15行至第17行汇报了基于上述社会关系类别生成的社会关系紧密度虚拟变量。第15行显示,50.8%的样本为紧密关系($close=1$),49.2%的样本非紧密关系($close=0$)。第16行和第17行显示,19.8%的样本为强连接($strong=1$),67.1%的样本是弱连接($weak=1$),其余13.1%的样本既不是强连接也不是弱连接($strong=0;weak=0$)。

第18行汇报借款用途是否为用于消费(CON),13.6%的借款用于消费,其余87.4%的借款用于生产。第19、20行汇报借贷双方的地理位置,73.8%的借贷双方所在城市相同($same\_city$),80.8%的借贷双方所在省份相同($same\_prov$)。第21行至第24行汇报借贷双方的性别($sex\_borrower;sex\_lender$)和年龄($age\_borrower;age\_lender$)。平均来看,借款者有82.7%是男性,出借者73.3%是男性;借款者平均年龄39.5岁,出借者平均年龄41.7岁。

[①] 不能准确识别紧密度的社会关系类别有"朋友/好友/老友/哥们/姐们",此类称呼均泛称为朋友,但是朋友的关系可近可远,无法度量社会关系紧密度,因此不作为研究样本。

表 7-3　借款层面变量的描述性统计（$N=36\,751$）

变量名	变量描述	均值	标准差	最小值	中位数	最大值
ZIR	是否为零息贷（是=1）	0.602	0.457	0	1	1
PIR	非零息贷的年化利率（%）	22.26	11.01	5.600	24	60
r	约定借款利率（%）	6.261	11.15	0	0	54
amount	借款金额（万元）	15.27	35.41	0.300	5	500
term	借款期限（天）	179.8	186.0	6	90	1095
term_openend	是否为不定契约（是=1）	0.867	0.340	0	1	1
collateral	是否有担保或抵押品（是=1）	0.108	0.310	0	0	1
tie_kin	是否为血亲（是=1）	0.198	0.460	0	0	1
tie_fellow	是否为老乡（是=1）	0.057	0.195	0	0	1
tie_alumni	是否为同学（是=1）	0.229	0.407	0	0	1
tie_comrade	是否为战友（是=1）	0.026	0.141	0	0	1
tie_neighbor	是否为邻居（是=1）	0.136	0.328	0	0	1
tie_work	是否为同事（是=1）	0.227	0.405	0	0	1
tie_mutual	是否有共同好友（是=1）	0.118	0.260	0	0	1
close	关系是否紧密（是=1）	0.508	0.492	0	1	1
strong	关系是否强连接（是=1）	0.198	0.463	0	0	1
weak	关系是否弱连接（是=1）	0.671	0.487	0	1	1
CON	借款是否用于消费（是=1）	0.136	0.325	0	0	1
same_city	借贷双方是否住同市（是=1）	0.738	0.440	0	1	1
same_prov	借贷双方是否住同省（是=1）	0.808	0.355	0	1	1
age_lender	出借方的年龄	41.71	10.59	22	41	72
age_borrower	借款方的年龄	39.46	9.521	21	39	64
sex_lender	出借方的性别（男=1）	0.733	0.442	0	1	1
sex_borrower	借款方的性别（男=1）	0.827	0.378	0	1	1

7.3.2 地区层面数据

在后文连锁合约机制检验中,为了检验地区人情往来频率对社会关系和借贷利率关系的影响,需要获取地区层面人情往来频率的度量指标。参考已有文献的做法(何军等,2005;赵剑治、陆铭,2009;章元、陆铭,2009;马光荣、杨恩艳,2011;胡金焱、张博,2014),采用中国家庭追踪调查(CFPS)数据库中对于代表性家庭[①]人情支出和总支出的调查统计数据进行度量。使用2014年[②]中国家庭追踪调查问卷数据,通过对各地区代表性家庭全年的红白喜事和其他人情往来支出(如礼品、现金等)以及家庭全年总支出的统计,得到地区代表性家庭的人情支出占比的平均值,部分统计结果见表7-4。

表7-4 各地区代表性家庭人情支出占总支出比例平均值(部分)

地 区	平均人情支出占比/%	地 区	平均人情支出占比/%
北京市	8.61	天津市	16.15
海南省	9.20	福建省	17.53
广西壮族自治区	10.90	安徽省	19.49
浙江省	11.19	湖北省	20.84
江西省	12.66	广东省	7.26
河南省	12.80	湖南省	20.90
江苏省	12.92	辽宁省	21.59
云南省	13.07	吉林省	22.35
山东省	13.69	内蒙古自治区	24.30
上海市	13.93	贵州省	25.03
黑龙江省	14.05	重庆市	27.13
山西省	14.54		

注:数据来自2014年中国家庭追踪调查(CFPS)。

---

① 详细抽样方式参见:http://www.isss.pku.edu.cn/cfps/docs/20180927132940009359.pdf。
② 选取2014年这个单一年份进行统计有两个原因:一是受到调查数据是截面数据的限制,二是人情占比在时间趋势上相对稳定。根据邹宇春、茅倬彦(2018)的调查研究,尽管人情支出的绝对值在逐年增长,但是人情支出占家庭总支出的比例份额在各年之间并没有显著趋势,人情支出是居民日常生活中较为稳定的支出行为。

7.3.3 按社会关系划分的借款特征变量差异

不同社会关系紧密度的借款主要特征是否存在差异？在使用回归方式检验假设之前，首先通过对比不同的社会关系紧密度样本的主要借款层面变量的平均值，对该问题进行初步探究。

将样本按照社会关系紧密度(close)分为两个样本，借款层面的平均值如表 7-5 的第(1)列和第(2)列所示。从零息贷占比来看，紧密型关系的零息贷占比 74.1%，非紧密型样本零息贷占比 50.5%，且 t 检验显示该差异在 1% 水平上显著。从平均利率来看，紧密型关系的有息贷年化利率平均值为 22.45%，非紧密关系的有息贷年化利率平均值为 22.21%，t 检验显示该差异在 5% 水平上不显著。从借款金额来看，紧密型关系的平均借款金额是 18.96 万元，非紧密型借款的平均借款金额是 12.04 万元，t 检验显示该差异在 1% 水平上显著。从借款用途来看，紧密型借款中 17.3% 用于消费，而非紧密型借款中 11.6% 用于消费，t 检验显示该差异在 1% 水平上显著。综合来看，紧密型关系民间借贷的借款利率更低，金额更大，消费性借款更多。

进一步，将样本按照社会关系连接的强弱程度分为三个样本，与上述结论依然具有一致性：如表 7-5 的第(3)列到第(5)列所示，从零息贷占比来看，强连接关系的零息贷占比 74.9%，弱连接关系的零息贷占比 65.4%，显著高于其他关系样本的零息贷占比。从平均利率来看，强连接关系的有息贷年化利率平均值为 20.44%，弱连接关系的有息贷年化利率平均值为 22.18%。从借款金额来看，强连接关系的平均借款金额是 18.93 万元，弱连接关系的平均借款金额是 17.14 万元，都显著高于剩余样本的平均借款金额 13.26 万元。从借款用途来看，强连接型借款 18.4% 用于消费，而弱连接型借款中 17.2% 用于消费。

表 7-5 按社会关系紧密程度划分的样本变量均值

变量名	按照 close 划分样本		按照 strong, weak 划分样本		
	(1) $close=1$	(2) $close=0$	(3) $strong=1$	(4) $weak=1$	(5) $strong=0, weak=0$
ZIR	0.741	0.505	0.749	0.654	0.458
PIR	22.45	22.21	20.44	22.18	24.33
r	5.149	6.358	4.814	5.456	5.589
amount	18.96	12.04	18.93	17.14	13.26
CON	0.173	0.116	0.184	0.172	0.132

不同社会关系紧密度对民间借贷利率的影响,可能受到其他借款特征的影响。例如,紧密型关系的借款金额往往更大,同时第4章的数据描述发现金额与利率之间有非线性关系,因此也会对借款利率造成影响。除了借款层面的因素,借贷双方所处地域可能同时影响借贷关系和借款利率。为了排除这些其他因素带来的干扰,在接下来的实证回归中,对社会关系对借款利率的影响作出更加严谨的回归分析。

7.4 实证结果

7.4.1 主要实证结果

(1) 社会关系与民间借贷利率

为检验假设 H1,将民间借贷约定利率(r)作为被解释变量,对式(7-1)进行估计,回归结果见表7-6。变量 close 前的系数是假设 H1 关心的系数,若该系数显著为负,则假设 H1 成立。第(1)列是不加任何固定效应和控制变量的回归结果,衡量社会关系和借款利率之间的相关性,系数显著为负,说明借款关系紧密度与借款利率之间负相关。第(2)列控制了城市和时间的双向固定效应以及交互固定效应,结果依然是负相关,加入固定效应的调整后 R^2 有了显著提升。第(3)列至第(6)列在时间和城市层面固定效应的基础上,进一步控制借款层面的控制变量,close 前系数均显著为负,且系数大小总体上没有显著差异。以第(6)列回归结果为例,回归系数显著为负,从经济意义上看,−1.969意味着,控制其他因素不变,紧密型关系的利率平均比非紧密型关系的平均借款利率低约197个基点。上述回归结果表明,假设 H1 成立。

表 7-6 社会关系对民间借贷利率影响的回归结果(检验假设 H1)

变量名	(1) r	(2) r	(3) r	(4) r	(5) r	(6) r
close	−1.025*** (−8.241)	−1.257*** (−4.542)	−1.467*** (−4.112)	−1.527*** (−4.602)	−1.967*** (−4.112)	−1.969*** (−4.592)
age_lender			0.238*** (3.362)	0.066 (0.902)	0.052 (0.712)	0.213*** (3.184)
age_lender2			−0.002*** (−3.071)	−0.001 (−0.582)	−0.000 (−0.351)	−0.001*** (−3.167)

续表

变量名	(1) r	(2) r	(3) r	(4) r	(5) r	(6) r
$age\_borrower$			0.398***	0.280***	0.288***	0.268***
			(4.082)	(2.822)	(2.962)	(4.421)
$age\_borrower2$			−0.004***	−0.003**	−0.003**	−0.003***
			(−3.191)	(−2.12)	(−2.227)	(−3.011)
sex_lender			−0.505*	−0.453*	−0.607**	−0.432*
			(−1.924)	(−1.802)	(−2.482)	(−1.982)
$sex\_borrower$			0.248	0.254	0.164	0.187
			(0.911)	(0.972)	(0.637)	(0.767)
$lgamt$				1.807***	1.711***	
				(3.652)	(3.752)	
$collateral$					1.865***	
					(3.744)	
$term\_openend$					−3.042***	
					(−7.012)	
BIN FE	No	No	No	No	No	Yes
City FE	No	Yes	Yes	Yes	Yes	Yes
Year FE	No	Yes	Yes	Yes	Yes	Yes
City-Year FE	No	Yes	Yes	Yes	Yes	Yes
N	36 751	36 751	36 751	36 751	36 751	36 751
$adj.R\text{-}sq$	0.002	0.202	0.234	0.272	0.280	0.234

注：括号中的是 t 值，采用地级层面的聚类稳健标准误计算；*** 表示在1%水平下统计显著，** 表示在5%水平下统计显著，* 表示在10%水平下统计显著；BIN FE 指借款类型固定效应；City FE 指借款发生所在城市固定效应；Year FE 指借款年度固定效应；City-Year FE 指借款城市年度交互固定效应。

（2）社会关系与有息贷利率

为检验假设 H2，选取有息贷样本，将民间借贷约定利率（PIR）作为被解释变量，对式（7-1）进行估计，回归结果见表 7-7。变量 close 前的系数依然是假设 H2 所关心的系数，若该系数显著为负，则假设成立。表 7-7 中第（1）列至第（6）列展示的 6 个回归的核心解释变量和控制变量与表 7-6 相同。第（1）列是不加任何固定效应和控制变量的回归结果，衡量社会关系和借款利率之间的相关性，系数为负，但是统计上并不显著。进一步地，第（2）列至第（5）列显示，在加入借款层面的控制变量以及城市和时间层面的固定效应之后，close 前系数依然不显著。上述回归结果表明，假设 H2 不成立。

表 7-7　社会关系对有息贷利率影响的回归结果（检验假设 H2）

变量名	(1) PIR	(2) PIR	(3) PIR	(4) PIR	(5) PIR	(6) PIR
close	-0.203 (-1.601)	-0.021 (-0.072)	-0.028 (-0.072)	-0.428 (-0.942)	-0.307 (-0.681)	-0.568 (-0.651)
age_lender			0.545*** (3.661)	0.513*** (3.372)	0.555*** (3.661)	0.463* (1.822)
age_lender2			-0.006*** (-3.521)	-0.005*** (-3.222)	-0.006*** (-3.521)	-0.005* (-1.814)
age_borrower			0.448** (2.372)	0.345* (1.784)	0.319* (1.672)	0.314 (0.971)
age_borrower2			-0.006** (-2.401)	-0.004* (-1.885)	-0.004* (-1.743)	-0.004 (-0.982)
sex_lender			1.529*** (2.633)	1.626*** (2.762)	1.496** (2.574)	2.150** (2.281)
sex_borrower			0.009 (0.023)	0.024 (0.055)	-0.186 (-0.374)	0.981 (1.181)
lgamt				0.694*** (4.143)	0.477*** (2.851)	
collateral					3.241*** (6.427)	
term_openend					-2.033*** (-3.401)	
BIN FE	No	No	No	No	No	Yes
City FE	No	Yes	Yes	Yes	Yes	Yes
Year FE	No	Yes	Yes	Yes	Yes	Yes
City-Year FE	No	Yes	Yes	Yes	Yes	Yes
N	22 054	22 054	22 054	22 054	22 054	22 054
adj. R-sq	0.001	0.127	0.144	0.147	0.155	0.143

注：括号中的是 t 值，采用地级层面的聚类稳健标准误计算；*** 表示在 1% 水平下统计显著，** 表示在 5% 水平下统计显著，* 表示在 10% 水平下统计显著；BIN FE 指借款类型固定效应；City FE 指借款发生所在城市固定效应；Year FE 指借款年度固定效应；City-Year FE 指借款城市年度交互固定效应。

(3) 社会关系与零息贷选择

为检验假设 H3，从上一节的有息贷样本再次回到全样本，将虚拟变量零息贷（ZIR）作为被解释变量，对式（7-1）进行估计。回归结果如表 7-8 所示,第(1)列至第(6)列展示的 6 个回归的核心解释变量和控制变量与表 7-6 相同,变量 close 前的系数是假设 H3 关心的系数,若该系数显著为正,则假设 H3 成立。

表 7-8 社会关系对零息贷选择影响的回归结果(检验假设 H3)

变量名	(1) ZIR	(2) ZIR	(3) ZIR	(4) ZIR	(5) ZIR	(6) ZIR
close	0.103*** (4.262)	0.112*** (4.391)	0.104*** (3.362)	0.099*** (3.642)	0.093*** (3.204)	0.099*** (3.362)
age_lender			0.007** (2.337)	0.003** (2.327)	0.002** (2.222)	0.462* (1.822)
age_lender2			−0.018*** (−3.970)	−0.014*** (−3.272)	−0.015*** (−3.344)	−0.005* (−1.812)
age_borrower			0.001* (1.871)	0.349* (1.784)	0.311* (1.612)	0.314 (0.971)
age_borrower2			−0.007*** (−3.187)	−0.008** (−2.582)	−0.009*** (−2.651)	−0.004** (−1.982)
sex_lender			0.030*** (2.751)	0.028*** (2.613)	0.034*** (3.192)	2.152** (2.282)
sex_borrower			−0.004 (−0.324)	−0.004 (−0.302)	−0.003 (−0.022)	−0.098 (−1.182)
lgamt				−0.075*** (−4.824)	−0.072*** (−4.651)	
collateral					−0.057*** (−3.272)	
term_openend					0.112*** (7.114)	
BIN FE	No	No	No	No	No	Yes
City FE	No	Yes	Yes	Yes	Yes	Yes
Year FE	No	Yes	Yes	Yes	Yes	Yes
City-Year FE	No	Yes	Yes	Yes	Yes	Yes
N	36 751	36 751	36 751	36 751	36 751	36 751
adj.R-sq	0.003	0.201	0.234	0.273	0.278	0.271

注:括号中的是 t 值,采用地级层面的聚类稳健标准误计算;*** 表示在 1% 水平下统计显著,** 表示在 5% 水平下统计显著,* 表示在 10% 水平下统计显著;BIN FE 指借款类型固定效应;City FE 指借款发生所在城市固定效应;Year FE 指借款年度固定效应;City-Year FE 指借款城市年度交互固定效应。

第(1)列是不加任何固定效应和控制变量的回归结果，close 前系数显著为负，说明借款关系紧密度与零息贷选择之间正相关。第(2)列至第(6)列在时间和城市层面固定效应的基础上，依次加入借贷双方的性别与年龄以及其他借款层面的特征，close 前系数均显著为正。从经济意义上看，以第(6)列回归结果为例，在同地区同时间签订的一笔相同特征的民间借贷借款合约，紧密型关系之间签订零息贷合约的概率比非紧密型关系高 9.9%。上述回归结果表明，假设 H3 成立。

除此之外，观察其他变量前的系数也能得出一些有趣的结论：从借贷双方性别来看，发现出借者性别（sex_lender）与零息贷选择有显著正相关的关系，男性出借者在进行民间借贷时更可能收取利息，而借款者性别（$sex\_borrower$）与零息贷选择之间并没有显著关系。从借贷双方的年龄来看，无论是借款者还是出借者，年龄前系数显著为正，年龄平方项前系数显著为负，这说明不同年龄阶段的借款者和出借者的零息贷选择概率有很大差异，年龄与零息贷选择概率呈现倒 U 形关系：零息贷选择概率随年龄先升后降。

除了借贷双方的性别和年龄与零息贷选择有密切关系以外，零息贷还与借款契约层面的其他特征有关。从借款金额来看，金额对数变量（$lgamt$）前系数显著为负，说明一般而言，借款金额越大，选择零息贷的概率越低。从抵押品来看，抵押变量（$collateral$）前系数显著为负，说明零息贷往往伴随着无抵押的信用借贷。从期限来看，开放期限变量（$term\_opened$）前系数显著为正，说明零息贷同时伴随开放期限的借款合约，上述回归结果与文献中针对零息贷和开放型契约的理论研究（Brandt & Hosios, 2010）和实证研究（李楠, 2016）相一致。

至此，本节已经对三个假设全部进行了检验。表 7-9 更加直观地综合了表 7-6、表 7-7、表 7-8 的回归结果，表 7-9 第(1)列至(3)列分别展示了上述三张表中的第(1)列，第(4)列至(6)列分别展示了上述三张表的第(6)列。表 7-9 第(1)列和第(4)列中社会关系对民间借贷利率的影响，可以分别分解为第(2)列和第(5)列所代表的内涵边际（intensive margin），以及第(3)列和第(6)列所代表的外延边际（extensive margin）。一个有趣的现象是：第(2)列和第(5)列所代表的内涵边际不显著，而第(3)列和第(6)列所代表的外延边际显著为正。

表 7-9 综合结论：社会关系对借贷利率的降低主要体现在零息贷

变量名	(1) 全样本 r	(2) 有息贷样本 PIR	(3) 全样本 ZIR	(4) 全样本 r	(5) 有息贷样本 PIR	(6) 全样本 ZIR
close	−1.025***	−0.203	0.103***	−1.969***	−0.568	0.099***
	(−8.242)	(−1.601)	(4.265)	(−4.593)	(−0.652)	(3.361)
BIN FE	No	No	No	Yes	Yes	Yes
City FE	No	No	No	Yes	Yes	Yes
Year FE	No	No	No	Yes	Yes	Yes
City-Year FE	No	No	No	Yes	Yes	Yes
N	36 751	22 054	36 751	36 751	22 054	36 751
adj.R-sq	0.002	0.001	0.003	0.234	0.143	0.271

注：括号中的是 t 值，采用地级层面的聚类稳健标准误计算；*** 表示在1%水平下统计显著，** 表示在5%水平下统计显著，* 表示在10%水平下统计显著；BIN FE 指借款类型固定效应，借款类型按照金额是否超过所在城市借款年度借款金额中位数(×2)、是否约定期限(×2)、是否约定抵押品(×2)、是否用于消费(×2)分为16组；City FE 指借款发生所在城市固定效应；Year FE 指借款年度固定效应；City-Year FE 指借款城市年度交互固定效应。

对比分析各个回归结果后，可以得出如下结论：社会关系对民间借贷利率的降低，主要体现在提高零息贷的选择概率上。也就是说，社会关系对民间借贷利率的降低主要是在外延边际而非内涵边际；一旦借贷双方决定收取利息，那么收取利息的高低与借贷双方的关系紧密程度没有必然关系，有息贷利率的高低主要取决于宏观因素，如第5章和第6章所提及的地区金融发展程度，以及司法治理程度(Allen et al.,2005)、历史文化(张博等,2018)等地域因素。

7.4.2 稳健性检验

(1) 使用线性概率模型后结果依然稳健

上节发现社会关系对民间借贷利率的影响主要体现在零息贷选择，此处的稳健性检验以及机制检验，主要对社会关系对零息贷选择的影响进行分析。首先，把线性模型调整为线性概率模型，进行稳健性检验。回归方程如下［见式(7-2)］：

$$Prob(ZIR_{ict}=1)=\Phi(\beta close_{ict}+\gamma X_{ict}+\delta_t+\theta_c+\varepsilon_{ict}) \quad (7-2)$$

回归模型式(7-2)是 Probit 回归模型，Φ(·)代表标准正态分布的累积分布函数。表 7-10 汇报了式(7-2)的回归结果，第(1)列是不加入任何控制变量和固定效应的回归结果，第(2)列至第(6)列是在城市和时间双向固定效应的基础上依次加入借款层面控制变量后的回归结果。变量前系数代表平均边际效应,括号内代表估计系数的 z 统计量。第(6)列显示,使用线性概率模型对社会关系对零息贷的影响进行估计,结果依然显著:紧密型社会关系比非紧密型社会关系的零息贷选择概率增加 9.1%。

表 7-10 稳健性检验(线性概率回归模型)

变量名	(1) ZIR	(2) ZIR	(3) ZIR	(4) ZIR	(5) ZIR	(6) ZIR
close	0.095*** (4.321)	0.098*** (4.432)	0.112*** (3.784)	0.099*** (3.562)	0.093*** (3.511)	0.091*** (3.861)
age_lender			0.001** (2.312)	0.004*** (2.812)	0.002*** (2.934)	0.467* (1.821)
age_lender2			−0.019*** (−3.844)	−0.015*** (−3.238)	−0.015*** (−3.347)	−0.014* (−1.822)
age_borrower			0.047* (1.86)	0.078 (0.67)	0.078 (0.78)	0.059 (0.69)
age_borrower2			−0.007*** (−3.05)	−0.005** (−2.56)	−0.009** (−2.65)	−0.009** (−1.892)
sex_lender			0.031*** (2.841)	0.030*** (2.881)	0.039*** (3.874)	0.045** (2.282)
sex_borrower			−0.004 (−0.354)	−0.007 (−0.462)	−0.006 (−0.421)	−0.006 (−1.281)
lgamt				−0.081*** (−4.823)	−0.057*** (−4.252)	
collateral					−0.055*** (−3.912)	
term_openend					0.146*** (6.992)	
BIN FE	No	No	No	No	No	Yes
City FE	No	Yes	Yes	Yes	Yes	Yes
Year FE	No	Yes	Yes	Yes	Yes	Yes
City-Year FE	No	Yes	Yes	Yes	Yes	Yes
N	36 751	36 751	36 751	36 751	36 751	36 751
pseudo R-sq	0.001	0.251	0.254	0.267	0.278	0.273

注:解释变量部分的第一行是平均边际效应,第二行括号内为 z 统计量;*** 表示在1%水平下统计显著,** 表示在5%水平下统计显著,* 表示在10%水平下统计显著;BIN FE 指借款类型固定效应,借款类型按照金额是否超过所在城市借款年度借款金额中位数(×2)、是否约定期限(×2)、是否约定抵押品(×2)、是否用于消费(×2)分为 16 组;City FE 指借款发生所在城市固定效应;Year FE 指借款年度固定效应。

(2) 改变社会紧密程度度量后结果依然稳健

进一步从零息贷视角探究中国社会亲疏深浅的差序格局,用三元变量(*strong*,*weak*)替换二元变量(*close*),进行稳健性检验。回归方程如下[见式(7-3)]:

$$ZIR_{ict} = \beta_1 strong_{ict} + \beta_2 weak_{ict} + \gamma X_{ict} + \delta_t + \theta_c + \varepsilon_{ict} \quad (7-3)$$

回归模型式(7-3)中,强连接变量(*strong*)前的系数 β_1 和弱连接变量(*weak*)前的系数 β_2 是本节关心的系数。表 7-11 汇报了式(7-3)的回归结果,第(1)列是不加入任何控制变量和固定效应的回归结果,第(2)列至第(6)列是在依次进行城市和时间双向固定效应的基础上控制借款特征类型的回归结果,为了避免季节变化对民间借贷需求和供给带来的影响,时间固定效应除了年度固定效应以外,还额外加入了季度固定效应。第(6)列显示,改变社会关系紧密程度度量后,结果依然显著:强连接关系的零息贷选择概率比其他连接关系高 12.4%,弱连接关系的零息贷选择概率比其他连接关系高 4.4%。

表 7-11　稳健性检验(强连接—弱连接)

变量名	(1)	(2)	(3)	(4)	(5)	(6)
	ZIR	ZIR	ZIR	ZIR	ZIR	ZIR
strong	0.132***	0.125**	0.124**	0.132***	0.125**	0.124**
	(4.752)	(2.574)	(2.071)	(4.752)	(2.573)	(2.074)
weak	0.054***	0.053***	0.535***	0.532***	0.043***	0.044***
	(4.964)	(2.853)	(3.349)	(4.968)	(2.854)	(3.342)
Controls	No	Yes	Yes	No	Yes	Yes
BIN FE	No	No	Yes	No	No	Yes
City FE	No	Yes	Yes	No	Yes	Yes
Season FE	No	No	No	Yes	Yes	Yes
Year FE	No	Yes	Yes	No	Yes	Yes
City-Year FE	No	Yes	Yes	No	Yes	Yes
N	36 751	36 751	36 751	36 751	36 751	36 751
adj.R-sq	0.001	0.272	0.266	0.001	0.276	0.272

注:括号中的是 t 值,采用地级层面的聚类稳健标准误计算;*** 表示在1%水平下统计显著,** 表示在5%水平下统计显著,* 表示在10%水平下统计显著;*Contorls* 代表借款层面控制变量;*BIN FE* 指借款类型固定效应,借款类型按照金额是否超过所在城市借款年度借款金额中位数(×2)、是否约定期限(×2)、是否约定抵押品(×2)、是否用于消费(×2)分为 16 组;*City FE* 指借款发生所在城市固定效应;*Season FE* 指季度固定效应;*Year FE* 指借款年度固定效应;*City-Year FE* 指借款城市年度交互固定效应。

7.4.3 机制检验

社会关系对零息贷选择影响的机制如何？信用分割理论(Dreze et al.,1998)认为,亲密关系之间的借贷应该全部是用于消费的零息贷,而有息贷则全部是用于生产的,在信用分割理论下,社会关系紧密度的系数应该无限接近1,本章的实证分析显然与信用分隔理论不符。那么,究竟是什么原因,使得关系更加紧密的借贷双方之间更加倾向于约定零息贷呢？本节提出可能的三种机制：监督成本、执行成本以及连锁合约机制,并分别针对这三种可能的机制进行检验。

(1) 监督成本渠道

有研究认为,当借贷双方之间的监督成本可能更低时,借款者的道德风险降低,因此借贷双方约定零息贷的可能性更高(Brandt & Hosios,2010)。以往实证研究对监督成本渠道的检验,往往面临着无法准确度量监督成本的难题。本节利用微观数据的优势,使用借贷双方地理距离的远近度量监督成本(张斌昌等,2020)。在式(7-1)中分别加入是否同省借款($same\_prov$)和是否同城借款($same\_city$),以及二者各自与社会关系紧密度的交互项 $close \times same\_prov$ 和 $close \times same\_city$。交互项前的系数是本节所关心的系数,如果该系数显著为正,则说明存在监督成本渠道。

表7-12 的第(1)列和第(2)列回归结果显示,交互项前系数不显著,在控制了出借者所在地区之后,借款者与出借者是否在同一省份或者同一城市,对零息贷选择的概率并没有显著促进作用。表7-12 的第(3)列和第(4)列表明,交互项前系数依然不显著,意味着在控制了借款者所在地区之后,出借者与其是否在同一省份或者同一城市,对零息贷选择的概率均没有显著促进作用。这在一定程度上说明,社会关系对零息贷选择的影响机制不是通过监督成本渠道。

表 7-12 监督成本机制检验

变量名	同一地区的出借者		同一地区的借款者	
	(1)	(2)	(3)	(4)
	ZIR	ZIR	ZIR	ZIR
$close$	0.093***	0.101***	0.083***	0.150***
	(2.600)	(3.294)	(2.778)	(3.853)
$closes \times same\_prov$	−0.002		−0.001	
	(−0.348)		(−0.153)	

续表

变量名	同一地区的出借者		同一地区的借款者	
	(1)	(2)	(3)	(4)
	ZIR	ZIR	ZIR	ZIR
$close \times same\_city$		0.001		0.003
		(0.293)		(0.577)
Control for same location	Yes	Yes	Yes	Yes
Lender_City FE	No	Yes	No	No
Lender_Province FE	Yes	No	No	No
Borrower_City FE	No	No	No	Yes
Borrower_Province FE	No	No	Yes	No
BIN FE	Yes	Yes	Yes	Yes
Year FE	Yes	Yes	Yes	Yes
N	36 751	36 751	36 751	36 751
adj. R-sq	0.119	0.131	0.118	0.130

注：括号中的是 t 值，采用省级（借款人或者出借人所在省份固定效应）或地级市（借款人或者出借人所在城市固定效应）层面的聚类稳健标准误计算；*** 表示在1%水平下统计显著，** 表示在5%水平下统计显著，* 表示在10%水平下统计显著；控制变量包括借贷双方是否在同一地区；(Borrower)Lender_City FE 指（借款者）出借人城市层面固定效应；(Borrower)Lender_Province FE 指（借款者）出借人省份层面固定效应；BIN FE 指借款类型固定效应，借款类型按照金额是否超过所在城市借款年度借款金额中位数（×2）、是否约定期限（×2）、是否约定抵押品（×2）、是否用于消费（×2）分为16组；Year FE 指借款年度固定效应。

(2) 执行成本渠道

还有研究认为，当借贷双方之间的执行成本可能更低时，也伴随着借款者道德风险降低，此时借贷双方约定零息贷的概率更高（Brandt & Hosios, 2010）。文献中对于执行成本的度量使用借款契约的开放性（李楠, 2016），这是因为，开放型契约意味着出借人可以观测到借款者的还款能力，一旦借款者有能力还款，出借者认为借款者会尽快将本金归还给出借人。借贷双方的条款是不是开放型契约可以用来度量借款的执行成本（Brandt & Hosios, 2004）。当借贷双方约定开放型契约时，出借者对借款者进行借款金额索取的难度更高，执行成本更大。

在式(7-1)中加入是否开放型契约（$term\_openend$）与社会关系紧密度的交互项（$close \times term\_openend$），回归结果在表7-13中展示。交互项前的系数是本节所关心的系数，该系数显著为正意味着可能存在执行成本渠道。表7-13的第(1)列至第(4)列分别展示了依次加入借款层面控制变量和城市与时间层面双向交互固定效应后的结果。回归结果显示表明,交互项前系数始终为正。这在一定程度上说明,社会关系对零息贷选择的影响机制之一是通过执行成本渠道。

表 7-13 执行成本机制检验

变量名	(1) ZIR	(2) ZIR	(3) ZIR	(4) ZIR
close	0.085***	0.036*	0.097**	0.028**
	(4.754)	(1.663)	(2.264)	(2.181)
close×term_openend	0.102***	0.102***	0.090***	0.089***
	(7.182)	(4.181)	(5.292)	(5.292)
Control for open term	Yes	Yes	Yes	Yes
Controls for sex and age	No	No	No	Yes
BIN FE	No	No	Yes	Yes
City-Year FE	No	Yes	Yes	Yes
City FE	No	Yes	Yes	Yes
Year FE	No	Yes	Yes	Yes
N	36 751	36 751	36 751	36 751
adj.R-sq	0.009	0.102	0.201	0.223

注:括号中的是 t 值,采用地级层面的聚类稳健标准误计算;*** 表示在1%水平下统计显著,** 表示在5%水平下统计显著,* 表示在10%水平下统计显著;Control for open term 指借款是否有明确的借款期限;Controls for sex and age 指借款人和出借人的性别、年龄以及年龄的平方项;BIN FE 指借款类型固定效应,借款类型按照金额是否超过所在城市借年度借款金额中位数(×2)、是否约定抵押品(×2)、是否用于消费(×2)分为 8 组;Year FE 指借款年度固定效应;City FE 指借款发生所在城市固定效应;City-Year FE 指借款城市年度交互固定效应。

(3) 基于过往人情的连锁合约渠道

除了执行成本以外,还有文献提出,零息贷的产生机制是基于人情的连锁合约。在连锁合约机制下,零息贷往往伴随着人情往来中的反向回馈,在人情往来更加密集的地区人情支出占比更多,签订连锁合约的概率更大,社会关系对零息贷选择概率的影响更大。为了检验上述连锁合约机制,将样本按照地区划分为人情支出占比高于和低于中位数的两个子样本,分别对式(7-1)进行估计,回归结果见表 7-14。第(2)列显示,在人情支出占比高的地区,社会关系对零息贷选择概率的边际影响是 13.8%。第(4)列显示,在人情支出占比低的地区,社会关系对零息贷选择概率的边际影响是 5.1%。综上所述,社会关系对零息贷概率的影响在不同人情往来频度和深度的区域之间存在差异。这在一定程度上说明,社会关系对零息贷选择的影响机制之一是通过连锁合约渠道。

表 7-14 连锁合约机制检验

变量名	人情支出占比高的地区		人情支出占比低的地区	
	(1) ZIR	(2) ZIR	(3) ZIR	(4) ZIR
$close$	0.149***	0.138***	0.066***	0.051***
	(3.991)	(2.442)	(2.864)	(2.292)
$Controls$	No	YES	No	YES
$BIN\ FE$	YES	YES	YES	YES
$City\text{-}Year\ FE$	YES	YES	YES	YES
$City\ FE$	YES	YES	YES	YES
$Year\ FE$	YES	YES	YES	YES
N	16 615	16 615	20 136	20 136
$adj.R\text{-}sq$	0.210	0.216	0.195	0.209

注:括号中的是 t 值,采用地级层面的聚类稳健标准误计算;*** 表示在 1% 水平下统计显著,** 表示在 5% 水平下统计显著,* 表示在 10% 水平下统计显著;$Controls$ 包括借款人和出借人的性别、年龄以及年龄的平方项;$BIN\ FE$ 指借款类型固定效应,借款类型按照金额是否超过所在城市借款年度借款金额中位数(×2)、是否约定期限(×2)、是否约定抵押品(×2)、是否用于消费(×2)分为 16 组;$Year\ FE$ 指借款年度固定效应;$City\ FE$ 指借款发生所在城市固定效应;$City\text{-}Year\ FE$ 指借款城市年度交互固定效应。

最后,提出连锁合约的全新视角——基于过往而非未来的人情往来。在以往的文献中,零息贷的隐形利息①伴随着基于未来反向回报的连锁合约,具体形式包括借款人对未来反向借贷行为的承诺(Brandt & Hosios, 2010)、借款人对出借人红白喜事等重大事件的礼金回报(刘馨等,2010),以及借贷双方社会关系的增强为出借人带来的非货币性收入(陈奕山等, 2017)等。然而,上述基于未来反向回报的解释,在本书的实证设定下并不具备相当的解释力。在本书的实证设定中,相当一部分出借人是在借款人尚未兑现未来反向回报的情况下,对没有按时还款的借款人提出诉讼,这种

---

① "The benefit of a loan of given size for a borrower is the same whether the loan entails explicit interest or not. The key difference lies on the cost side. With a PIR loan, the borrower is required to pay principal and interest. With a ZIR loan, the borrower repays the principal but then has to provide an additional benefit to the lender in the future. This additional benefit is critical; without it, the lender will always prefer a PIR loan."

行为不仅放弃了维系借贷双方之间的关系,还放弃了未来的反向回报。从经济学直觉来看,不具备充分合理性。

本节提出连锁机制下零息贷合约的另外一种可能性:基于过往而非未来人情的反向回报。换言之,借款人对出借人的反向回报,在借贷双方签订零息贷合约之前已经完成,出借人签订零息贷是对借款人过往交情的回馈。这种基于过往人情的解释更符合实证设定:出借人对借款人的免息行为是基于过去交情的报恩回馈,但是一旦出借人发现借款人不能偿还本金,便放弃维系借贷双方之间的关系,诉诸法律途径索回本金。在这种设定下,可以进一步推算借贷双方之间的过往交情价值——过往交情的价值介于放弃的利息和签订的借款本金之间。若年化利率按月利二分(有息贷年化利率中位数)来计算,一笔基于过往交情的本金为 10 万元的借款(借款金额平均值),过往交情的价值在 2.4 万元与 10 万元之间。至此,本节对基于人情的零息贷赋予了合理的经济学解释。

7.5 本章小结

本章使用民间借贷微观数据,开创性地从零息贷视角研究社会关系对民间借贷利率的影响。首先,对社会关系紧密度进行划分,并且对不同社会关系的借款特征进行描述,发现紧密型关系民间借贷的借款利率更低、金额更大、消费型借款更多。接下来,采用双向交互固定效应模型进行回归分析,发现紧密型关系的平均民间借贷利率比非紧密型关系的平均借款利率低 200 个基点。上述平均借款利率的降低主要体现在选择零息贷概率的上升:借贷双方的社会关系紧密程度越高,发生零息贷的概率越高;具体而言,紧密型关系之间签订零息贷合约的概率比非紧密型关系高 9.9%。进一步来说,一旦借贷双方约定有息贷,借款利率的高低主要由特定宏观环境下民间借贷市场的供给和需求共同决定,而不取决于借贷双方的关系价值等微观因素。上述主要回归结果在使用线性概率模型、改变社会紧密程度度量变量后结果依然稳健。本章发现社会关系对零息贷选择的影响可能有执行成本机制,以及基于过往人情的连锁合约机制。

本章主要学术贡献在于,填补了民间借贷文献中关于零息贷的研究空白。现有关于零息贷的研究不够全面,更多集中于有利率特别是高利率的贷款。然而,基于司法文书的民间借贷数据库呈现的现实是,六成以上民间借贷纠纷是零息贷,合理推断全部民间借贷中零息贷的比例可能会更高。

远离了"乡土"的中国现代社会,为何零息贷依然大量存在?在民间金融零利率的情况下,出借人应该对借款人的还款能力与还款意愿有较好的认知,为何还会有那么多借款人被告上法庭?无论是理论上还是实践上,这个话题都是值得探讨的。遗憾的是,目前的理论和实证文献并不能对零息贷进行解释:基于土地租佃关系的土地流转零租金不能解释货币型借贷关系中的零息贷;传统信息经济学文献不能解释零息贷的出现;信用市场分割下的利他和互助保险理论不能解释大量生产型零息贷的存在。

本章的主要创新点在于,一是有效突破微观数据可得性限制,开创性地通过对民间借贷司法文书大数据的文本分析,直接识别借贷双方的关系类型。直接识别的优势在于,能够准确且细致地刻画借贷双方之间的关系。受限于数据可得性,目前大多数文献关于社交深度的度量采取间接推理,这种间接推理的方式虽然具有一定可行性,但是相比直接获取借贷双方的准确的关系类别的方式,还是欠缺一定的准确度。

二是首次从实证角度检验了理论模型中基于人情的连锁合约机制,并提出一个连锁合约机制的全新视角——基于过往而非未来的人情往来。在以往的文献中,零息贷的隐形利息伴随着基于未来反向回报的连锁合约,本节提出连锁机制下零息贷合约的另外一种可能性:基于过往而非未来人情的反向回报。本章还进一步推算借贷双方之间的过往交情价值——过往交情的价值介于放弃的利息和签订的借款本金之间。

第8章 结 论

8.1 研究内容和主要结论

本书深入剖析了我国民间借贷市场利率的分布特征及影响机制。民间借贷有着久远的历史，是经济发展过程中自发形成的一种民间融资信用形式。与正规金融机构借贷相比，民间借贷有信息搜集成本低、手续便捷、方式灵活等特点，满足了缺乏抵押品的中小微企业和信用记录薄弱的低收入群体的融资需求，是正规金融的有益和必要补充。但是，民间借贷也存在一定负面影响：由于其交易隐蔽，风险不易被监控，与之相关的纠纷和犯罪事件时有发生。为了应对和解决这些问题，司法部门和金融监管机构往往通过设定民间借贷利率上限对其进行规制。利率上限的设置有效性及其实际影响是社会各界关注的焦点。然而我们目前对其认识并不完善——我国民间借贷利率究竟有多高？哪些因素影响了借贷利率？这些问题尚无全面解答。本书通过分析276.3万份司法文书，以借款层面独特数据为基础，研究民间借贷利率的分布特征及其影响因素。

本书第4章利用司法文书另类数据，对近年来我国民间借贷市场的总体特点和变化趋势进行分析，同时为之后的数据样本描述和实证问题的提出进行了良好铺垫。第4章发现，民间借贷具有较强的本地属性和地域特征。首先，从样本分布来看，民间借贷的活跃地区主要集中在东南沿海地区。各地区之间的有息贷利率有较大差异，地区金融发展更好的地方民间借贷的利率更低：民间借贷活跃的东部沿海地区利率较低，而民间借贷相对不活跃的中西部地区利率较高。其次，从时间趋势来看，近年来我国民间有息贷利率的高低呈现出明显的时间趋势。2013年以来民间借贷利率回落与回升的趋势可能与网贷平台等新型融资模式的兴起与衰落有关。在有息贷之外，我国民间借贷市场中还存在大量零息贷，零息贷的比例稳定在六成左右。零息贷与有息贷的变量特征差异较大，前者呈现出金额较小、借款期限不明确、无抵押、用于消费、复杂程度低等特点。

本书第 5 章发现，以银行和小贷公司为代表的正规金融机构的设立和发展对促进民间借贷利率降低有显著作用，且民间借贷利率的降低主要体现在有息贷利率上。主要发现是：(1) 地区的正规金融发展程度每增加一个标准差，民间有息借贷年化利率下降 73 个基点，而地区零息贷占比并没有显著改变。(2) 从借款用途来看，地区的正规金融发展程度每增加一个标准差，生产型借款利率下降 115 个基点，消费型借款利率下降 57 个基点，金融发展对生产型借款利率的影响更大。从地区来看，东部区域的边际影响最大，东北部区域的边际影响最小。(3) 该结论在改变了金融发展度量指标、更换了市场利率和经济发展度量指标后依然稳健。最后，使用渐进双重差分模型对回归结果进行因果识别，得出的结论具有稳健性：平均而言，设立小贷公司的区县与同城同时间内没有小贷公司的区县相比，同类型有息贷借款年化利率低 159 个基点。

本书第 6 章发现，除银行等地方正规金融机构以外，以网络贷款平台为代表的游离于金融监管之外的非正规金融机构在我国金融发展中扮演重要角色，对传统民间私人借贷市场整体的利息定价产生影响。利用针对网贷平台 ICP 和银行存管要求的"准自然实验"，使用双重差分法对此进行检验。研究发现监管政策对网络借贷的规范挤出了借贷需求，这部分被挤出的借贷需求由传统民间借贷所满足，导致传统民间借贷利率上升。具体发现有：(1) 政策出台之后实验组民间借贷利率比对照组高 164 个基点，其中有息贷样本提升 359 个基点；(2) 在稳健性检验中，使用倾向得分匹配、调整实验组定义以及安慰剂检验等方式对回归结果进行检验，原有结论依然成立；(3) 异质性分析发现，非正规金融对民间借贷利率的影响主要体现在高分位利率、大额且有明确期限的利率合约，以及四十岁以下的男性借款者发起的借款中。

本书第 7 章发现，零息贷选择的主要决定因素是微观因素：借贷双方关系越亲密，发生零息贷选择的概率越高。具体结论是：(1) 整体来看，亲密关系之间的借贷利率比非亲密关系低 197 个基点，主要来自零息贷合约选择概率的增加。控制其他因素不变，紧密型关系的利率平均比非紧密型关系的平均借款利率低 197 个基点。(2) 平均借款利率的降低主要体现在选择零息贷概率的提升，借贷双方的社会关系紧密程度越高，发生零息贷的概率越高，紧密型关系之间签订零息贷合约的概率比非紧密型关系高 9.9%。(3) 一旦借贷双方约定有息贷，借贷双方之间的强连接关系与有息贷利率的多少没有显著关系。进一步对零息贷进行机制探索发现，亲密关系之间的零息贷合约选择是一种基于人情往来的行为。且这种人情可能更多基于"过往交情",而非"预期回报"。上述回归结果表明,社会关系对于零息贷选择的影响是基于借贷双方人情往来的理性选择。

8.2 主要创新点

一是使用真实民间借贷大数据还原了民间借贷的时间和空间分布特征,有助于社会各界了解民间借贷的真实情况。现有文献对我国当代民间借贷利率的微观层面描述较少,多集中在对特定区域的抽样调查。实际上,本书已经多次强调,抽样调查方式存在不全面、不真实以及不连续的缺陷,而基于真实借款契约文书进行借款层面微观描述是最好的还原民间借贷真实样貌的方式。此类研究方法的开创者是陈志武等(2014;2016;2018),其通过清代刑科本对当时民间借贷利率数据库进行统计分析。本书借鉴陈志武等的研究思路,从海量民间借贷的司法文书中,获取丰富、真实且准确的民间借贷记录,打破了现有民间借贷利率研究的时间局限性,还原了当代民间借贷利率的真实情况。

二是从正规金融和网络借贷两个视角检验有息贷利率影响机制,提高和完善了已有研究。伴随着我国地区金融的扩张与深化,民间借贷市场的资金需求是否得到了有效吸收?金融发展是否有效降低了每一个微观主体面临的利率?以往文献受限于数据可得性,对此类问题的研究十分匮乏。本书首次使用微观层面借款数据,从正规金融和网络借贷两个视角对此问题进行全面探索。为金融发展促进民间借贷利率降低提供了可靠的实证支持。

三是从社会关系的视角研究零息贷选择机制,弥补了现有文献中零息贷研究的不足。现有文献无法解释我国当前存在的大量零息贷:基于土地租佃关系的土地流转零租金不能解释货币型借贷关系中的零息贷;传统信息经济学文献只能解释低利率,但不能解释利率为何为零;信用市场分割下的利他和互助保险理论不能解释生产型零息贷。本书开创性地从社会关系的视角研究零息贷。

四是采用司法文书大数据,建设高质量民间借贷研究微观数据库,解决了相关领域数据不准确、覆盖度不高等问题。民间借贷虽受法律保护,但与正规金融相比仍处于灰色地带,无论是借款人还是出借人都不愿主动披露借贷信息。已有民间借贷研究中使用的数据,大多源自调查员询问被调查人参与民间借贷的情况。例如,中国家庭金融调查(CHFS)和中国家庭追踪调查(CFPS)被用于研究民间借贷话题(廖理等,2021;吴雨等,2020;宋明月、臧旭恒,2020);温州民间借贷综合利率指数一定程度上解决了特定地区民间借贷数据缺失的问题,但是受主观因素(上报人不愿如实填报)和客观因素(填报的信息较少)影响,数据的整体质量并不十分令人满意。本书通过建立民间借贷大数据库,填补了我国当代传统民间借贷微观数据库的空白。

最后,本书在丰富和完善已有民间借贷研究之外,也有重要的应用价值。目前我国金融诈骗高发,以民间借贷名义进行金融欺诈的事件屡见不鲜。本书研究结果有助于政策制定者更好地了解民间借贷的运行机制,为制定有效的金融风险防范措施提供合理科学的数据支持。

8.3 局限性和展望

本书的研究具有一定局限性,基于民间借贷纠纷的司法文书可能存在样本选择偏差[①],但是,从数据的覆盖面以及变量的丰富程度综合来看,本书使用的研究手段已经优于目前任何一种手段。现有研究主要基于经济金融理论和局部调研数据,例如,李建军(2010)基于国民经济核算理论的方法对特定样本参数的依赖度很高,需要有较为严格的前提假设——假设北京、上海等民间借贷规模为零等,显然与事实存在较大差异。此外,中国人民银行温州支行自2003年开始展开民间利率监测工作,每月披露温州利率指数和温州民间金融资金交易季度指数,但样本范围仅局限于温州,不足以反映全国其他地区的民间利率水平。

同时,基于司法文书的民间借贷微观数据,可以研究和回答的重要学术问题有很多。本书仅仅是从自然人之间合法借贷的视角切入,研究民间借贷利率分布情况及其影响因素。展望未来,笔者提出两个可能的研究方向。

一是本书没有涉及刑事案件。实际上,民间借贷作为一把双刃剑,往往伴随着诸多风险和社会隐患,重则构成刑事案件,如暴力催收、非法吸收公众存款、非法集资等。对这些屡禁不止的非法行为,如何进行更有效的监管规制?这些行为又如何受到社会舆论的影响?这些都是具有重要社会价值

[①] 样本选择偏差来自两个方面,一是全部民间借贷中违约的子样本,二是全部违约样本中出借人上诉的样本。

的议题。

　　二是本书尚未深入探讨企业之间的民间借贷情况。企业民间借贷行为,特别是借款和还款行为,与正规金融有何差异? 又有何联系? 这种行为是否会对企业的行为决策(如规模、雇佣人数等)及其未来发展情况产生实质性影响? 对实体经济总体的影响又如何? 这些问题具有重要的经济意义,未来值得进一步探索。

参考文献

边燕杰,张文宏,2001.经济体制、社会网络与职业流动[J].中国社会科学,(2):77-89.
陈蔚,巩秀龙,2010.非正规金融利率定价模型——基于中国民间分割市场的实证研究[J].中国管理科学,(18):273-276.
陈奕山,2017.城镇化背景下耕地流转的租金形态研究[D].南京:南京农业大学.
陈奕山,钟甫宁,纪月清,2017.为什么土地流转中存在零租金?——人情租视角的实证分析[J].中国农村观察,(4):43-56.
陈雨露,马勇,杨栋,2009.农户类型变迁中的资本机制:假说与实证[J].金融研究,(4):52-62.
陈志武,2018.量化历史研究与新知识革命——以财富差距与消费差距的历史研究为例.北京大学学报(哲学社会科学版),55(4):114-128.
陈志武,林展,彭凯翔,2014.民间借贷中的暴力冲突:清代债务命案研究[J].经济研究,49(9):162-175.
陈志武,彭凯翔,袁为鹏,2016.清初至二十世纪前期中国利率史初探——基于中国利率史数据库(1660—2000)的考察[J].清史研究,(4):36-52.
程锐,2016.市场化进程、企业家精神与地区经济发展差距[J].经济学家,(8):19-28.
董志勇,2011.中国农村信贷情况初步统计——来自"北京大学—花旗银行"农村金融调研的证据[J].技术经济与管理研究,(1).
费孝通,2006.江村经济[M].上海:上海人民出版社.
费孝通,2019.乡土中国[M].上海:上海人民出版社.
郭峰,胡军,2016.地区金融扩张的竞争效应和溢出效应[J].经济学,3(2).
郭峰,孔涛,王靖一,2017.互联网金融空间集聚效应分析:来自互联网金融发展指数的证据.国际货币评论:9.
郭峰,熊瑞祥,2017.地方金融机构与地区经济增长——来自城商行设立的准自然实验[J].经济学(季刊),17(1):221-246.
郭豫媚,郭俊杰,肖争艳,2016.利率双轨制下中国最优货币政策研究[J].经济学动态,(3):31-42.
何广文,1999.从农村居民资金借贷行为看农村金融抑制与金融深化[J].中国农村经济,(10):42-48.
何军,纪月清,钟甫宁,2007.外出务工、社会资本与农户新型合作医疗的参与——基于江苏省的实证分析[J].南京农业大学学报(社会科学版),(3):7-11.
何军,宁满秀,史清华,2005.农户民间借贷需求及影响因素实证研究——基于江苏省390户农户调查数据分析.南京农业大学学报(社会科学版),5(4):20-24.
何启志,彭明生,2016.基于互联网金融的网贷利率特征研究[J].金融研究,(10):95-110.
胡枫,陈玉宇,2012.社会网络与农户借贷行为——来自中国家庭动态跟踪调查(CFPS)

的证据[J]. 金融研究, (12): 178-192.
胡金焱, 张博, 2014. 社会网络、民间融资与家庭创业——基于中国城乡差异的实证分析[J]. 金融研究, (10): 148-163.
黄沛光, 2006. 正规贷款利率与民间借贷利率比较分析: 以揭阳为例. 南方金融, (9): 65-66.
霍学喜, 屈小博, 2005. 西部传统农业区域农户资金借贷需求与供给分析——对陕西渭北地区农户资金借贷的调查与思考[J]. 中国农村经济, (8).
吉赟, 杨青, 2020. 高铁开通能否促进企业创新: 基于准自然实验的研究[J]. 世界经济, 43(02): 147-166.
江静琳, 王正位, 廖理, 2018. 农村成长经历和股票市场参与[J]. 经济研究, 53(8): 84-99.
揭艳明, 2007. 落后地区民间借贷利率与银行贷款利率的差异分析——以河池市为视角. 广西金融研究, (5): 65-66.
金烨, 李宏彬, 2009. 非正规金融与农户借贷行为[J]. 金融研究, (4): 63-79.
孔荣, Calum G. Turvey, 霍学喜, 2009. 信任、内疚与农户借贷选择的实证分析——基于甘肃、河南、陕西三省的问卷调查[J]. 中国农村经济, (11): 50-59.
李恩平, 2002. 利率参照与储蓄的动员、分配——一个两经济部门、二元金融市场的分析框架[J]. 金融研究, (3): 46-55.
李建军, 彭俞超, 马思超, 2020. 普惠金融与中国经济发展: 多维度内涵与实证分析[J]. 经济研究, 55(4): 37-52.
李楠, 2016. 社会网络、连锁合约与风险规避: 近代东北乡村无息借贷合约选择机制的考察[J]. 中国经济史研究, (1): 65-80.
李伟民, 梁玉成, 2002. 特殊信任与普遍信任: 中国人信任的结构与特征[J]. 社会学研究, (3): 11-22.
廖冠民, 宋蕾蕾, 2020. 非正规金融与资源配置效率. 经济科学, (3): 60-72.
廖理, 2014d. 互联网金融需按业态监管 P2P 和众筹是金融监管的最大挑战[J]. 中国经济周刊, (20): 27.
廖理, 初众, 张伟强, 2021. 中国居民金融素养与活动的定量测度分析[J]. 数量经济技术经济研究, 38(7): 43-64.
廖理, 贺裴菲, 2014a. 从 LendingClub 业务模式转变看 P2P 监管[J]. 清华金融评论, (2): 24-37.
廖理, 吉霖, 张伟强, 2015a. 借贷市场能准确识别学历的价值吗?——来自 P2P 平台的经验证据[J]. 金融研究, (3): 146-159.
廖理, 吉霖, 张伟强, 2015b. 语言可信吗? 借贷市场上语言的作用——来自 P2P 平台的证据[J]. 清华大学学报(自然科学版), 55(4): 413-421.
廖理, 李梦然, 王正位, 2014b. 聪明的投资者: 非完全市场化利率与风险识别——来自 P2P 网络借贷的证据[J]. 经济研究, 49(7): 125-137.
廖理, 李梦然, 王正位, 2014c. 中国互联网金融的地域歧视研究[J]. 数量经济技术经济研究,31(5):54-70.

廖理,李梦然,王正位,贺裴菲,2015c.观察中学习:P2P网络投资中信息传递与羊群行为[J].清华大学学报(哲学社会科学版),30(1):156-165,184.

廖理,向佳,王正位,2018.P2P借贷投资者的群体智慧[J].中国管理科学,26(10):30-40.

廖理,张伟强,2017.P2P网络借贷实证研究:一个文献综述[J].清华大学学报(哲学社会科学版),32(2):186-196,199.

林毅夫,孙希芳,2005.信息、非正规金融与中小企业融资[J].经济研究,(7):35-44.

林毅夫,孙希芳,2008.银行业结构与经济增长[J].经济研究,43(9):31-45.

林展,陈志武,彭凯翔,2016.乾隆中期和道光中后期债务命案研究[J].清史研究,(2):75-86.

刘馨,2010.信任的建构:基于私人借钱行为的调查发现[J].太原科技大学学报,31(2):124-127.

吕朝凤,毛霞,2020.地方金融发展能够影响FDI的区位选择吗?——一个基于城市商业银行设立的准自然实验[J].金融研究,(3):58-76.

马光荣,杨恩艳,2011.社会网络、非正规金融与创业[J].经济研究,46(3):83-94.

马宏,张月君,2019.不同社会关系网络类型对农户借贷收入效应的影响分析[J].经济问题,(9):25-31,61.

潘彬,金雯雯,2017.货币政策对民间借贷利率的作用机制与实施效果[J].经济研究,52(8):78-93.

潘彬,王去非,金雯雯,2017.时变视角下非正规借贷利率的货币政策反应研究[J].金融研究,(10):52-67.

潘士远,罗德明,2006.民间金融与经济发展[J].金融研究,(4):134-141.

彭凯翔,陈志武,袁为鹏,2008.近代中国农村借贷市场的机制——基于民间文书的研究[J].经济研究,(5):147-159.

邱新国,冉光和,2017.民间金融市场利率:自主性还是反应性?——基于省际非平衡面板数据的实证分析[J].预测,36(6):43-49.

宋明月,臧旭恒,2020.异质性消费者、家庭债务与消费支出[J].经济学动态,(6):74-90.

田杰,赵源,王淑敏,2019.行业合规与P2P网贷平台发展:促进或抑制[J].金融监管研究,(9):1-14.

汪本学,李琪,2008.民间金融及融资利率分析——以浙江衢州民间金融状况为例[J].农村经济与科技,19(3):67-68.

王擎,田娇,2014.非正规金融与中国经济增长效率——基于省级面板数据的实证研究[J].财经科学,(3):11-20.

王雄,邹铃,2019.我国P2P网贷平台成交量的政策效应研究——基于平台类型与地区的差异[J].金融理论与实践,(9):49-59.

王一鸣,李敏波,2005.非正规金融市场借贷利率决定行为:一个新分析框架[J].金融研究,(7):12-23.

吴雨,李成顺,李晓,等,2020.数字金融发展对传统私人借贷市场的影响及机制研究[J].管理世界,36(10):53-64,138,65.

向虹宇,王正位,江静琳,等,2019.网贷平台的利率究竟代表了什么?[J].经济研究,54(5):47-62.

谢平,陆磊,2003.金融腐败:非规范融资行为的交易特征和体制动因[J].经济研究,(6):3-13,93.

熊正文,1934,中国历代利息问题考.

徐丽鹤,袁燕,2013.收入阶层、社会资本与农户私人借贷利率[J].金融研究,(9):150-164.

徐丽鹤,袁燕,2017.财富分层、社会资本与农户民间借贷的可得性[J].金融研究,(2):131-146.

杨坤,曹晖,孙宁华,2015.非正规金融、利率双轨制与信贷政策效果——基于新凯恩斯动态随机一般均衡模型的分析[J].管理世界,(5):41-51.

杨汝岱,陈斌开,朱诗娥,2011.基于社会网络视角的农户民间借贷需求行为研究[J].经济研究,46(11):116-129.

张斌昌,兰可雄,林丽琼,2020.数字金融发展对家庭储蓄的差异性影响——基于CFPS和数字普惠金融指数的实证分析[J].福建农林大学学报(哲学社会科学版),23(4):52-60.

张博,胡金焱,2014.民间金融发展能缩小城乡收入差距吗?——基于中国省际面板数据的实证分析[J].山东大学学报(哲学社会科学版),(6):67-78.

张博,胡金焱,马驰骋,2018.从钱庄到小额贷款公司:中国民间金融发展的历史持续性[J].经济学(季刊),17(4):1383-1408.

张海洋,2017.融资约束下金融互助模式的演进——从民间金融到网络借贷[J].金融研究,(3):101-115.

张军,1997.改革后中国农村的非正规金融部门:温州案例[J].中国社会科学季刊(香港),(20).

张庆亮,张前程,2010.中国民间金融利率研究的文献综述[J].经济学动态,(3):79-82.

张胜林,李英民,王银光,2002.交易成本与自发激励:对传统农业区民间借贷的调查[J].金融研究,(2):125-134.

张雪春,徐忠,秦朵,2013.民间借贷利率与民间资本的出路:温州案例[J].金融研究,(3):1-14.

张翼,2020.司法大数据视角下的民间借贷风险及其影响因素——基于裁判文书网数据的实证分析[J].华北金融,(8):64-70,77.

章元,陆铭,2009.社会网络是否有助于提高农民工的工资水平?[J].管理世界,(3):45-54.

赵剑治,陆铭,2009.关系对农村收入差距的贡献及其地区差异——一项基于回归的分解分析[J].经济学(季刊),9(1):363-390.

赵竞竞,2019.我国民间借贷利率影响因素及规范路径——基于浙江787户家庭的调查数据[J].中国流通经济,33(3):121-128.

支大林,孙晓羽,2009.东北地区农村民间金融的利率特征及其成因分析.东北师范大学学报(哲学社会科学版),(5):24-28.

中国人民银行温州市中心支行课题组,周松山.温州民间借贷利率变动影响因素及其监测体系重构研究[J].浙江金融,2011(1):15-20.

周明磊,任荣明,2010.正规金融与民间借贷利率间相互关系的时间序列分析[J].统计与决策,(1):126-129.

邹宇春,茅倬彦,2018.人情支出是家庭负担吗:中国城镇居民的人情支出变化趋势与负担假说[J].华中科技大学学报(社会科学版),32(3):46.

Agarwal P.,Garimella K.,Joglekar S.,et al.,2020,May. Characterising user content on a multi-lingual social network. In Proceedings of the international aaai conference on web and social media (Vol. 14:2-11).

Agarwal S.,Ambrose B. W.,Chomsisengphet S. et al.,2011. The role of soft information in a dynamic contract setting:Evidence from the home equity credit market[J]. Journal of Money,Credit and Banking,43(4):633-655.

Aguirregabiria V,Clark R,Wang H,2020. The Geographic Flow of Bank Funding and Access to Credit:Branch Networks,Local Synergies,and Competition[J]. Social Science Electronic Publishing.

Ahlin C,Lin J,Maio M,2011. Where does microfinance flourish? Microfinance institution performance in macroeconomic context[J]. Journal of Development Economics,95(2):105-120.

Aleem I. 1990. Imperfect information,screening,and the costs of informal lending:A study of a rural credit market in Pakistan[J]. The World Bank Economic Review,4(3):329-349.

Alessie R.,Hochguertel S.,Weber G.,2005. Consumer credit:Evidence from Italian micro data[J]. Journal of the European Economic Association,3(1):144-178.

Allen F,Qian J,Qian M,2005. Law,finance,and economic growth in China[J]. Journal of Financial Economics,77:57-116.

Allen J,Clark R,Houde J F,2019. Search Frictions and Market Power in Negotiated-Price Markets[J]. Journal of Political Economy,127(4):1550-1598.

Allen F.,Qian J.,Qian M.,2006. China's financial system:past,present,and future. Present,and Future (March 28,2007).

Almond D.,Edlund L.,Milligan K.,2013. Son preference and the persistence of culture:Evidence from South and East Asian immigrants to Canada[J]. Population and Development Review,39(1):75-95.

Ambrus A,Mobius M,Szeidl A,2010. Consumption risk-sharing in social networks[J]. American Economic Review,104:149-182.

Angrist J D, Pischke J S, 2008. Mostly Harmless Econometrics: An Empiricist's Companion[M]. Princeton: Princeton University Press: 115-138.

Ashta A., Fall N. S., 2012. Institutional analysis to understand the growth of microfinance institutions in West African economic and monetary union[J]. Corporate Governance: The international journal of business in society,12(4): 441-459.

Ayyagari M, Demirgüç-Kunt A, Maksimovic V, 2010. Formal versus informal finance: Evidence from China[J]. Review of Financial Studies,23: 3048-3097.

Banerjee A, Besley T, Guinnane T W, 1994. Thy neighbor's keeper: The design of a credit cooperative with theory and a test[J]. Quarterly Journal of Economics,109: 491-515.

Banerjee A, Breza E, Chandrasekhar A G, et al., 2021. Changes in social network structure in response to exposure to formal credit markets[J]. National Bureau of Economic Research.

Banerjee A, Breza E, Duflo E, et al., 2020. Do credit constraints limit entrepreneurship? Hetereogeneity in the returns to microfinance[Z]. Working Paper, Massachusetts Institute of Technology, Columbia Business School, and Northwestern University.

Banerjee A, Duflo E, 2011. Poor economics. Philadelphia[M]. PA: Perseus Books Group.

Banerjee A, Duflo E, Glennerster R, et al., 2015. The miracle of microfinance? Evidence from a randomized evaluation[J]. American Economic Journal: Applied Economics, 7: 22-53.

Banerjee A. V, Duflo E., 2010. Giving credit where it is due[J]. Journal of Economic Perspectives,24(3): 61-80.

Banerjee Abhijit V, Esther Duflo, 2007. The Economic Lives of the Poor[J]. Journal of Economic Perspectives,21(1): 141-168.

Baydas M M, Bahloul Z, Adams D W, 1995. Informal finance in Egypt: "banks" within banks[J]. World Development,23(4): 651-661.

Beck T, Demirguc-Kunt A, 2006. Small and medium-size enterprises: Access to finance as a growth constraint[J]. Journal of Banking and Finance,30(11): 2931-2943.

Becker G S, 1973. A theory of marriage: Part I[J]. Journal of Political Economy,81: 813-846.

Bell C, Srintvasan T N, Udry C, 1997. Rationing, spillover, and interlinking in credit markets: The case of rural Punjab[J]. Oxford Economic Papers,49(4): 557-585.

Benmelech E, Moskowitz T J, 2010. The political economy of financial regulation: Evidence from US state usury laws in the 19th century[J]. The Journal of Finance, 65(3): 1029-1073.

Bertrand M, Johnson S H, Samphantharak K, et al., 2008. Mixing family with business: A study of Thai business groups and the families behind them[J]. Journal of

Financial Economics, 88: 466-498.
Bertrand M, Schoar A, 2006. The role of family in family firms[J]. Journal of Economic Perspectives, 20: 73-96.
Bester H, 1985. Screening vs. rationing in credit markets with imperfect information[J]. The American Economic Review, 75(4): 850-855.
Bouman F J, 1990. Informal rural finance: An Aladdin's lamp of information[J]. Sociologia Ruralis, 30(2): 155-173.
Brandt L, Hosios A J, 2010. Interest-free loans between villagers[J]. Economic Development and Cultural Change, 58(2): 345-372.
Brandt L, Hosios A, 2004. Informal credit in village economies: Contract duration with personal and community enforcement[Z]. University of Toronto.
Brown J. L. , 1992. An Argument Evaluating Price Controls on Bank Credit Cards in Light of Certain Reemerging Common Law Doctrines. Ga. St. UL Rev. , 9: 797.
Burchardi K B, Hassan T A, 2013. The economic impact of social ties: Evidence from German reunification[J]. The Quarterly Journal of Economics, 128(3): 1219-1271.
Burchardi K. B. , 2011. Three essays in applied microeconomics (Doctoral dissertation, London School of Economics and Political Science).
Bygrave W D, Hunt S A, 2004. Global entrepreneurship monitor 2004 financing report[R]. Babson College and London Business School.
Bygrave W D, Quill M, 2006. Global entrepreneurship monitor 2006 financing report[R]. Babson College and London Business School.
Carpenter S B, 1999. Informal Credit Markets and the Transmission of Monetary Policy: Evidence from South Korea[J]. Review of Development Economics, 3: 323-335.
Coate Stephen, Martin Ravallion, 1993. Reciprocity without Commitment: Characterization and Performance of Informal Insurance Arrangements[J]. Journal of Development Economics, 40: 1-24.
Collins D, Morduch J, Rutherford S, et al. , 2010. Portfolios of the poor[M]. Princeton: Princeton University Press.
Crépon B, Devoto F, Duflo E, et al. , 2015. Estimating the impact of microcredit on those who take it up: Evidence from a randomized experiment in Morocco[J]. American Economic Journal: Applied Economics, 7: 123-150.
Cuesta J I, Sepúlveda A, 2021. Price regulation in credit markets: A trade-off between consumer protection and credit access[Z]. Available at SSRN 3282910.
Dabla-Norris E, Ji Y, Townsend R M, et al. , 2021. Distinguishing constraints on financial inclusion and their impact on GDP, TFP, and the distribution of income[J]. Journal of monetary Economics, 117: 1-18.
Dodds P S, Muhamad R, Watts D J, 2003. An experimental study of search in global social networks[J]. science, 301(5634): 827-829.

Dreze Jean, Peter Lanjouw, Naresh Sharma, 1998. CreditIn Economic Development in Palanpur over Five Decades[M]. Oxford: Oxford University Press.

Eagle N, Pentland A S, Lazer D, 2009. Inferring friendship network structure by using mobile phone data[J]. Proceedings of the National Academy of Sciences, 106(36): 15274-15278.

Eckmann J. P., Moses E., Sergi D., 2004. Entropy of dialogues creates coherent structures in e-mail traffic[J]. Proceedings of the National Academy of Sciences, 101(40): 14333-14337.

Ellingsen T, Johannesson M, 2008. Pride and prejudice: The human side of incentive theory[J]. American Economic Review, 98: 990-1008.

Everett M. M., 2015. International liquidity and the European sovereign. American Economic Review, 102(3): 225-230.

Fafchamps Marcel, 1999. Risk Sharing and Quasi-Credit[J]. Journal of International Trade and Economic Development, 8: 257-278.

Fan Y., 2002. Questioning guanxi: definition, classification and implications. International business review, 11(5): 543-561.

Foster A D, Rosenzweig M R, 2001. Imperfect commitment, altruism, and the family: Evidence from transfer behavior in low-income rural areas[J]. Review of Economics and Statistics, 83(3): 389-407.

Franzen A, Hangartner D, 2006, Social Networks and Labor Market Outcomes: The Non-monetary Benefits of Social Capital[J]. European Sociological Review, 22(4): 353-368.

Frederick H. H., Bygrave B., 2004. How we finance our new and growing firms[J]. International Journal of Entrepreneurship and Small Business, 1(3-4): 287-293.

Freedman S M, Jin G Z, 2011. Learning by doing with asymmetric information: Evidence from prosper[J]. National Bureau of Economic Research.

Freedman S., Jin G. Z., 2008. Do social networks solve information problems for peer-to-peer lending? Evidence from Prosper. com.

Galenianos M, Gavazza A, 2020. Regulatory interventions in consumer financial markets: The case of credit cards[J]. CEPR Discussion Papers.

Ghatak M, 1999. Group lending, local information, and peer selection[J]. Journal of Development Economics, 60: 27-50.

Ghate P, 1992. Informal finance: Some findings from Asia [M]. Oxford: Oxford University Press.

Gine X, 2011. Access to capital in rural Thailand: An estimated model of formal vs. informal credit[J]. Journal of Development Economics, 96: 16-29.

Goudzwaard M. B., 1968. Price ceilings and credit rationing[J]. The Journal of Finance, 23(1): 177-185.

Granovetter M S, 1973. The strength of weak ties[J]. American Journal of Sociology,

78(6): 1360-1380.

Greer D. F. ,1974. Rate Ceilings, Market Structure, and the Supply of Finance Company Personal Loans[J]. The Journal of Finance,29(5): 1363-1382.

Greer D. F. ,1975. Rate Ceilings and Loan Turndowns[J]. The Journal of Finance,30(5): 1376-1383.

Grosjean P,2011. The weight of history on European cultural integration: A gravity approach[J]. American Economic Review,101(3): 504-508.

Guerin I, M Roesch G, Venkatasubramaniam, et al. ,2012. Credit from whom and for what? The diversity of borrowing sources and uses in rural southern India[J]. Journal of International Development,24: 122-137.

Gupta M R, Chaudhuri S,1997. Formal credit, corruption, and the informal credit market in agriculture: A theoretical analysis[J]. Economica,64(254): 331-343.

Haselton M G, Ketelaar T, 2006. Irrational emotions or emotional wisdom? The evolutionary psychology of emotions and behavior[M]. In hearts and minds-affective influences on social cognition and behavior. Ed. J. P. Forgas. New York: Psychology Press.

Henley A, Arabsheibani G R, Carneiro F G, 2009. On defining and measuring the informal sector: Evidence from Brazil[J]. World Development,37(5): 992-1003.

Hermes N, Lensink R, Meesters A, 2018. Financial development and the efficiency of microfinance institutions [M]. In Research Handbook on Small Business Social Responsibility. Cheltenham, uk: Edward Elgar Publishing.

Heß S, Jaimovich D, Schündeln M, 2021. Development projects and economic networks: Lessons from rural gambia [J]. The Review of Economic Studies, 88 (3): 1347-1384.

Hoff K, Stiglitz J E,1990. Introduction: Imperfect information and rural credit markets: Puzzles and policy perspectives[J]. The World Bank Economic Review, 4 (3): 235-250.

Hoff K, Stiglitz J E, 1998. Moneylenders and bankers: Price-increasing subsidies in a monopolistically competitive market[J]. Journal of Development Economics,55(2): 485-518.

Holmstrom B, Tirole J,1997. Financial intermediation, loanable funds, and the real sector [J]. Quarterly Journal of Economics,112: 663-691.

Homer S, Sylla R E,1996. A history of interest rates[M]. Oxford: Rutgers University Press.

Homer S. , Sylla R. A. ,2005. History of Interest Rates: John Wiley & Sons.

Hortacsu A. , Martínez-Jerez F. A. , Douglas J. ,2009. The geography of trade in online transactions: Evidence from eBay and mercadolibre. American Economic Journal: Microeconomics,1(1): 53-74.

Hutton C E, Tucker M J, 1985. The taxation of below-market and interest-free family loans: A legislative and judicial history[J]. Family Law Quarterly,19: 297-309.

Isham J, Kelly T, Ramaswamy S, 2002. Social capital and economic development: Well-being in developing countries[J]. Cheltenham, uk: Edward Elgar Publishing.

Jain S, 1999. Symbiosis vs. crowding-out: The interaction of formal vs. informal credit markets in developing countries[J]. Journal of Development Economics,59: 419-444.

Jeong H, Townsend R M, 2007. Sources of TFP growth: Occupational choice and financial deepening[J]. Economic Theory,32(1): 179-221.

Ji Y, Teng S, Townsend R, 2021. Branch Expansion versus Digital Banking: The Dynamics of Growth and Inequality in a Spatial Equilibrium Mode[J]. National Bureau of Economic Research.

Jiang J, Liao L, Wang Z, et al. , 2021. Government affiliation and peer-to-peer lending platforms in China[J]. Journal of Empirical Finance,62: 87-106.

Jiang J. , Liao L. , Lu X. , et al. , 2019. Can big data defeat traditional credit rating?, working paper.

Kalda A, 2020. Peer financial distress and individual leverage[J]. The Review of Financial Studies,33(7): 3348-3390.

Karaivanov A, Kessler A, 2016. A friend in need is a friend indeed: Theory and evidence on the (dis) advantages of informal loans [Z]. Dicussion Paper, Simon Fraser Univeristy.

Karlan D, Mobius M, Rosenblat T, et al. , 2009. Trust and social collateral[J]. Quarterly Journal of Economics,124: 1307-1361.

Kimball Miles S, 1988. Farmers Cooperatives as Behavior toward Risk[J]. American Economic Review,78 (March): 224-232.

Kinnan Cynthia, Robert Townsend, 2012. Kinship and Financial Networks, Formal Financial Access, and Risk Reduction[J]. American Economic Review, 102 (3): 289-293.

Knight J, Yueh L, 2008. The role of social capital in the labour market in China[J]. Economics of transition,16(3): 389-414.

Knight S. M. , Schmidt-Rinehart B. C. , 2002. Enhancing the homestay: Study abroad from the host family's perspective[J]. Foreign Language Annals,35(2): 190-201.

Kocherlakota N R, 1996. Implications of Efficient Risk-Sharing without Commitment [J]. Review of Economic Studies,63 (October): 595-609.

Laibson D. ,1997. Golden eggs and hyperbolic discounting[J]. The Quarterly Journal of Economics,112(2): 443-478.

Lee S, Persson P, 2016. Financing from family and friends[J]. The Review of Financial Studies,29(9): 2341-2386.

Lee J. H. , 2013. Debt servicing costs and capital structure[Z]. Columbia University working paper.

Levine D K, 1998. Modeling altruism and spitefulness in experiments[J]. Review of Economic Dynamics,1: 593-622.

Levine R, 1997. Financial development and economic growth: Views and agenda[J]. Journal of Economic Literature,35(2): 688-726.

Levine R., Lin C., Tai M., et al., 2021. How did depositors respond to COVID-19? [J]. The Review of Financial Studies,34(11): 5438-5473.

Liao L., Wang Z., Xiang H, et al., 2017. P2P lending in China: An overview. Working Paper.

Ligon Ethan, Jonathan Thomas, et al., 2002. Informal Insurance Arrangements with Limited Commitment: Theory and Evidence from Village Economies[J]. Review of Economic Studies,63: 209-244.

Lin M, Prabhala N R, Viswanathan S, 2013. Judging borrowers by the company they keep: Friendship networks and information asymmetry in online peer-to-peer lending[J]. Management Science,59(1): 17-35.

Lin M., Prabhala N. R., Viswanathan, S., 2013. Judging borrowers by the company they keep: Friendship networks and information asymmetry in online peer-to-peer lending[J]. Management science,59(1): 17-35.

Malhotra S., Kalaivani M., Rath R., et al., 2019. Use of spectacles for distance vision: coverage, unmet needs and barriers in a rural area of North India. BMC ophthalmology,19(1): 1-8.

McKinnon Ronald I, 1973. Money and Capital in Economic Development [M]. Washington,D.C.: The Brookings Institution.

Ngalawa H, Viegi N,2013. Interaction of formal and informal financial markets in quasi-emerging market economies[J]. Economic Modelling,31: 614-624.

Onnela J P, Saramäki J, Hyvönen J, et al., 2007. Structure and tie strengths in mobile communication networks[J]. Proceedings of the national academy of sciences,104(18): 7332-7336.

Pascali L,2016. Banks and development: Jewish communities in the Italian renaissance and current economic performance[J]. Review of Economics and Statistics,98(1): 140-158.

Peng M W,2004. Outside directors and firm performance during institutional transitions [J]. Strategic Management Journal,25(5): 453-471.

Porta R L, Lopez-de-Silanes F, Shleifer A, et al., 1998. Law and finance[J]. Journal of Political Economy,106(6): 1113-1155.

Ray D,1998. Development economics[M]. Princeton: Princeton University Press.

Rigbi O,2013. The effects of usury laws: Evidence from the online loan market. Review of Economics and Statistics,95(4): 1238-1248.

Rougeau V. D. ,1996. Rediscovering usury: An argument for legal controls on credit card interest rates. U. Colo. L. Rev. ,67: 1.

Shaw Edward,1973. Financial Deepening in Economic Development[J]. New York: Oxford University Press.

Shay R. P. ,1970. Factors Affecting Price, Volume and Credit Risk in the Consumer Finance Industry[J]. The Journal of Finance,25(2): 503-515.

Stiglitz J,1990. Peer monitoring and credit markets[J]. World Bank Economic Review, 4: 351-366.

Tang H,2019. Peer-to-peer lenders versus banks: Substitutes or complements? [J]. The Review of Financial Studies,32(5): 1900-1938.

Towe C,Lawley C,2013. The contagion effect of neighboring foreclosures[J]. American Economic Journal: Economic Policy,5(2): 313-335.

Tsai K S,2004. Imperfect substitutes: The local political economy of informal finance and microfinance in rural China and India[J]. World Development,32(9): 1487-1507.

Tsai K. S. ,2002. Back-alley banking: Private entrepreneurs in China. Cornell University Press.

Turvey C G,He G,Jiujie M A,et al. ,2012. Farm credit and credit demand elasticities in Shaanxi and Gansu[J]. China Economic Review,23(4): 1020-1035.

Turvey C G, Kong R, 2010. Informal lending amongst friends and relatives: Can microcredit compete in rural China? [J]. China Economic Review,21(4): 544-556.

Turvey C G,Kong R,2008. Vulnerability,trust and microcredit: The case of China's rural poor[J]. WIDER Research Paper.

Turvey C G, Kong R, Huo X, 2010. Borrowing amongst friends: The economics of informal credit in rural China[J]. China Agricultural Economic Review.

Udry Christopher,1994. Risk and Insurance in a Rural Credit Market: An Empirical Investigation in Northern Nigeria[J]. Review of Economic Studies,61(July): 95-526.

Varian H,1990. Monitoring agents with other agents[J]. Journal of Institutional and Theoretical Economics,146: 153-174.

Villegas D. J. ,1982. An analysis of the impact of interest rate ceilings. The Journal of Finance,37(4),pp. 941-954.

Villegas D. J. , 1989. The impact of usury ceilings on consumer credit. Southern Economic Journal,pp. 126-141.

Wallace G. J. ,1976. The Uses of Usury: Low Rate Ceilings Reexamined. BUL Rev. ,56: 451.

Wang J. ,2013. The economic impact of special economic zones: Evidence from Chinese municipalities. Journal of development economics,101: 133-147.

Wei Z,Lin M,2017. Market mechanisms in online peer-to-peer lending[J]. Management Science,63(12): 4236-4257.

Wei S., 2016. 11 Regulating P2P Lending in China: Industrial Landscape and Regulatory Approaches. In Finance, Rule of Law and Development in Asia (pp. 286-323). Brill Nijhoff.

Wolfe B., W. Yoo., 2017. Crowding out banks: Credit substitution by peer-to-peer lending. Working Paper.

Zegarra L F, 2017. Usury laws and private credit in Lima, Peru. Evidence from notarized records[J]. Explorations in Economic History, 65: 68-93.

Zeller M, 2006. A comparative review of major types of rural microfinance institutions in developing countries[J]. Agricultural Finance Review.

后　　记

感谢我的导师廖理教授。廖老师有着广博的学识、丰富的阅历、开阔的视野和始终奋斗的实干精神。这些品格不仅在我读博期间不断使我感到震撼，在博士毕业后，它们仍然深刻影响着我，并将使我终身受益。一日为师，终身为父，廖老师永远是我今后努力工作、不断学习和用心生活的标杆与榜样。

感谢我的副导师王正位老师。王老师是我学术研究的领路人，四年来对我的研究工作给予了充分的帮助、宝贵的支持与持续不断的鼓励；王老师对我而言亦师亦友，其沉稳谦逊的人格魅力深深影响着我。在今后的人生道路上，我会牢记王老师的谆谆教诲，始终以平和、谦逊的态度面对生活。

感谢课题组张伟强老师对本书写作的悉心指导。本课题最初的创设构思来自张老师多年研究工作的沉淀，课题研究工作启动于二〇二〇年八月，两年以来，研究过程的每一步都离不开张老师的悉心指导和充分支持。感谢张老师对我的信任与帮助。

感谢汪建雄老师在数据技术与机构细节上的大力支持。两年以来，论文多次易稿，其中变量识别细节经多次更改，汪老师自始至终不仅给予充分的数据与技术支持，更是在论文的修改过程中提出了很多非常具有针对性的建议。

感谢陈卓老师、胡杏老师、江萍老师、李波老师、刘潇老师、刘悦老师、沈红波老师、余剑峰老师、张福栋老师、张际老师、张健华老师、张晓燕老师、张学勇老师在论文答辩的各个阶段给予的宝贵意见。感谢李耕、李天一、刘璐、孙航、张玄逸、郑晓瑜等同学的细致勘误。

感谢金融学院的老师们为我们提供如此舒适便捷的科研环境。感谢师门兄弟姐妹对我的关照，感谢傅顺、谷军建、江静琳、王新程、向佳、向虹宇对我研究工作的帮助。感谢"金博18"家人们的一路陪伴和共同成长。感谢室友郑晓瑜同学四年来的关照和陪伴。

感谢我的父母，是你们多年来毫无保留的爱，给了我健康的身体和健全的人格。感谢我的先生，谢谢你让我拥有一个温暖的家，也是你自始至终的鼓励、信任与支持，才使我得以完成学业。感谢求学路上关心和帮助过我的所有老师、家人和朋友们。

感谢清华大学五道口金融学院。

刘宇璠

2024 年 1 月